A CABALA E O PODER OCULTO DA BÍBLIA

IAN MECLER

A CABALA E O PODER OCULTO DA BÍBLIA

99 códigos da Torah para iluminar a sua vida

1ª edição

Rio de Janeiro | 2024

Design de capa
Renata Vidal

Projeto gráfico e diagramação
Ligia Barreto | Ilustrarte Design

CIP-BRASIL. CATALOGAÇÃO NA PUBLICAÇÃO
SINDICATO NACIONAL DOS EDITORES DE LIVROS, RJ

M435p
    Mecler, Ian, 1967
        A cabala e o poder oculto da Bíblia : 99 códigos da Torah para iluminar a sua vida / Ian Mecler. - 1. ed. - Rio de Janeiro : BestSeller, 2024.

        "Acompanha vídeo-aulas com meditação"
        ISBN 978-65-5712-309-6

        1. Cabala. 2. Bíblia. A.T. Pentateuco - Crítica, interpretação, etc. I. Título.

24-87669   CDD: 222.1066
                                                                 CDU: 26-242

Meri Gleice Rodrigues de Souza - Bibliotecária - CRB-7/6439

Texto revisado segundo o novo Acordo Ortográfico da Língua Portuguesa.

Copyright © 2024 by Ian Mecler
Copyright da edição © 2024 by Editora Best Seller Ltda.

Todos os direitos reservados. Proibida a reprodução,
no todo ou em parte, sem autorização prévia por escrito da editora,
sejam quais forem os meios empregados.

Direitos exclusivos de publicação em língua portuguesa para o mundo
adquiridos pela
EDITORA BEST SELLER LTDA.
Rua Argentina, 171, parte, São Cristóvão
Rio de Janeiro, RJ — 20921-380
que se reserva a propriedade literária desta edição.

Impresso no Brasil

ISBN 978-65-5712-309-6

Seja um leitor preferencial Record.
Cadastre-se no site www.record.com.br e receba informações
sobre nossos lançamentos e nossas promoções.

Atendimento e venda direta ao leitor:
sac@record.com.br

*Dedico este livro a todas as pessoas que
trilham o caminho da autorrealização,
percebendo que esta vida é uma oportunidade
para a evolução e para o compartilhar.*

SUMÁRIO

Agradecimentos — 9
A Bíblia e a Torah — 11
O que é a Cabala? — 13
Como ler este livro — 15
Introdução — 17

PARTE I

Livro 1: Gênesis — 21
Livro 2: Êxodo — 59
Livro 3: Levítico — 91
Livro 4: Números — 115
Livro 5: Deuteronômio — 141
Considerações finais — 165

PARTE II

Livro 1: Gênesis — 171
Livro 2: Êxodo — 193
Livro 3: Levítico — 215
Livro 4: Números — 237
Livro 5: Deuteronômio — 259

AGRADECIMENTOS

Seriam necessárias muitas páginas para relacionar todas as pessoas que foram importantes para ser escrito um livro como este, revelando códigos bíblicos ocultos por milênios.

Em 18 anos ministrando aulas sobre espiritualidade e meditação, foram muitos os alunos que trouxeram motivação para a construção desta obra, por meio do amor que devotaram pelo aprendizado e pelo desejo do progresso espiritual.

Gostaria, entretanto, de agradecer nominalmente àqueles que tiveram participação direta neste trabalho.

Primeiramente à Jordana Mecler, minha filha, que fez diversas revisões no livro — esta obra não teria chegado aonde chegou sem a valiosa colaboração dela. À Eliza Zerpini, minha esposa que, sempre me apoiando inteiramente em todas as etapas da vida, trouxe sugestões importantes para o refinamento da obra. A Davi Mecler, meu filho, e Katia Mecler, minha irmã, que fizeram importantes e criativas contribuições. À minha mãe, Rosinha Sura, por todo o amor e envolvimento com este trabalho. Ao meu pai, Abrahão Mecler, em memória, por sempre me estimular a estudar e ir além.

Aos mestres espirituais Rav Nerruniá, Rav Meir e Rav Coach, pela sabedoria e conhecimento transmitidos, de forma sempre afetuosa.

Aos membros formadores de nossa ONG, Instituto Luz do Compartilhar, Cle Bechelani, Renata Rivetti, Valeria Modolo e Eliza Zerpini, que há anos vêm dando apoio para o crescimento de uma obra que acolhe e leva luz a milhares de crianças, pessoas em situação de rua e animais de abrigos.

A Jose Ramon e Munna Alexandre, que dão apoio constante e luminoso a todo o trabalho que envolve nossos vídeos e programação gráfica.

Por último, gostaria de agradecer a você, leitor, por iniciar agora a leitura desta obra. Estou certo de que o contato com estes ensinamentos vai levar muita luz à sua vida.

A BÍBLIA E A TORAH

O texto que decodificamos aqui compõe a maior parte do antigo testamento da Bíblia. Originalmente chamada de Torah, ela é dividida em cinco livros, por isso também é conhecida como pentateuco.

O conteúdo sagrado se perpetuou em sua exata forma original por 3.500 anos, consagrando-se como o livro mais lido de todos os tempos. Assim foram traduzidos os títulos dos cinco livros da Torah:

— Gênesis
— Êxodo
— Levítico
— Números
— Deuteronômio

Se você já leu esses textos, deve ter encontrado dificuldade para compreender diversos pontos; muitos parecem repletos de incoerências. Em uma página, lemos "amai ao próximo como a ti mesmo"; em outra, "apedreje aquele que falou contra o Eterno". Entretanto, tais contradições surgem somente quando o texto é interpretado literalmente.

Existem quatro níveis de interpretação do texto bíblico. O primeiro se chama Pshat, a leitura do texto literal, incluindo suas contradições. O segundo se chama Remez (insinuação), a interpretação alegórica. O terceiro é o Drash (ensinamento), com orientações para desenvolvermos virtudes essenciais. E o quarto e mais profundo chama-se Sod (segredo), em que são revelados segredos sobre o universo, a criação, os mundos visíveis e invisíveis.

A Torah é dividida em 54 porções, a maioria delas repletas de passagens codificadas. Ao decifrar esses códigos, podemos nos nutrir de toda a luz que emana do texto sagrado. São ensinamentos milenares e sempre atuais, que trazem inspiração, paz interior e elevam a consciência.

A sabedoria que revela os códigos da Bíblia foi trazida secretamente de mestre para discípulo por milênios, e foi ela que guiou a vida de incríveis mestres espirituais, entre eles Moisés, Elias e Jesus. O nome dessa sabedoria é Cabala.

O QUE É A CABALA?

A sabedoria da Cabala é a raiz original da maioria das religiões e caminhos espirituais do nosso mundo. Não se trata de um patrimônio de um determinado povo ou etnia, mas de toda a humanidade. Independentemente de sua religião, você pode obter imensos benefícios ao estudar a Cabala e seus princípios fundamentais.

A Cabala revela um sistema para vivermos de maneira mais plena e com muito menos insatisfações. Ela ficou oculta por milhares de anos, restrita a um reduzido número de sábios. Abrahão, Isaac, Jacob, José, Moisés, Elias e Jesus são alguns dos mestres que viveram norteados pela sabedoria da Cabala.

Moisés escreveu o principal texto da Cabala, a Torah. Deixou o legado para Josué, seu sucessor imediato. A sabedoria continuou a ser transmitida por grandes mestres espirituais, chegou a Jesus e continuou a ser propagada, de mestre para discípulo, até os dias de hoje.

A Cabala é a sabedoria que revela os códigos bíblicos. Ao acessar a luz desses códigos, recebemos conhecimento e força espiritual para realizar nossa missão maior: levar luz ao mundo.

COMO LER ESTE LIVRO

Os ensinamentos aqui revelados são repletos de luz espiritual. Eles resistem aos milênios e são a essência da Bíblia. Para um melhor aproveitamento de tudo o que trazemos aqui, é primordial compreender as duas partes nas quais o livro é dividido.

Parte I — Uma viagem pela Bíblia
Trata-se de uma jornada de grande profundidade pelos cinco livros que compõem a Torah, a sabedoria essencial de Moisés, Elias e Jesus.

Parte II — Os 99 códigos da Bíblia
São 99 os códigos bíblicos trazidos aqui, cada um relacionado a um tema essencial da jornada humana. Nessa segunda parte, você encontra todos eles organizados e pode estudar aqueles pelos quais tiver mais interesse ou necessidade no momento. Para cada um dos 99 códigos, preparamos também uma videoaula meditativa. Para assistir à aula, aponte seu celular para o QR Code respectivo.

INTRODUÇÃO

De onde viemos?
Para onde vamos?
Por que nascer e morrer?
Qual o significado da vida?
Nossa alma é imortal?

Todos os seres humanos estão em busca da luz que alimenta nosso corpo e alma. Os que conseguem encontrá-la penetram em uma dimensão de grande realização e felicidade. Porém, muitos são os que não conseguem atingi-la e sucumbem aos mais diversos obstáculos.

A Cabala ensina que, por trás de cada obstáculo, há sempre uma quantidade proporcional de luz a ser revelada. Isso explica por que pessoas muito iluminadas não costumam ter uma vida fácil e estão sempre repletas de desafios. Elas não se deixam enfraquecer diante dos problemas e por isso acabam superando-os e transformando-os em luz.

O que descobriremos de agora em diante será como transformar toda uma série de ensinamentos milenares em um guia prático para nossa realização pessoal e coletiva. Estamos iniciando agora uma grande viagem espiritual.

PARTE I

LIVRO 1

Gênesis

"Para o homem se assemelhar ao seu Criador é necessário que ele possua várias qualidades que caracterizam a forma com a qual Deus conduz o mundo. A primeira é a humildade, de forma que nenhuma causa no mundo o impeça de beneficiar aqueles que necessitam de sua bondade, a todo tempo e em todos os instantes."

MOSHE CORDOVERO

NO PRINCÍPIO

1ª Porção — Bereshit

"No princípio, criou Deus." (Gênesis 1:1) — Código 1

A viagem bíblica começa com "Bereshit". Esta é a primeira palavra no texto original, escrito em hebraico, בראשית, cuja tradução é "No princípio". Existem 22 letras no alfabeto hebraico, cada uma relacionada a um tema.

A primeira letra da Torah, Beit, é relacionada à contração, nos trazendo também uma grande lição: todo processo criativo precisa ser precedido por uma contração.

Contração e expansão são dois movimentos intimamente relacionados, assim como o ar que inspiramos e expiramos desde que chegamos a este mundo. Um movimento não poderia existir sem o outro.

Entretanto, o mundo moderno valoriza especialmente a expansão, esquecendo-se da importância da contração. Isso explica o decréscimo de criatividade no mundo. O aprimoramento é abundante, mas a criatividade nem tanto.

Houve um tempo em que havia espaço para a contração e, por conseguinte, para a criação. Mas hoje, embora os equipamentos sejam cada dia mais rápidos, o tempo é cada vez mais escasso. Grande parte da energia humana é consumida por telas e máquinas. E, sem o silêncio meditativo, como pode surgir espaço para o movimento criativo? Somente quando aprendemos a contrair e silenciar, podemos abrir espaço para que uma nova energia criativa possa tomar conta de nossa vida.

O processo de criação se deu em etapas, e é sobre isso que a Torah nos fala agora:

"E foi tarde e foi manhã, dia um." (Gênesis 1:5) — Código 2

Existe um grande código aqui, pois seis dos sete dias são escritos como "segundo", "terceiro", "quarto" etc. Se a Torah seguisse essa mesma linha gramatical, teria escrito também "dia primeiro". Entretanto, ela menciona apenas o "dia um".

Ou seja, o dia primeiro remeteria à ideia de um segundo, um terceiro e por aí vai, mas, no momento em que a Torah descreve o início do processo da criação como "dia um", traz também a ideia de uma dimensão na qual tudo se basta, nada mais é necessário.

Viemos de uma dimensão de unidade e plenitude. Mas esta condição foi perdida pela visão fragmentada, quando esquecemos que somos todos parte de um ser maior. A Torah chama a atenção para uma dimensão na qual não existe competição entre os seres, ou seja, o caminho da plenitude, nossa casa primeira. É onde vivia o casal original.

Adão e Eva viviam no paraíso. O Eterno lhes disse que poderiam comer de tudo, exceto da árvore da penetração do bem e do mal. Viviam tranquilos, em paz, até que surge um animal rasteiro, a serpente, que assedia a mulher: "Por que Deus pode tudo e vocês não? Vocês também têm direito de comer da árvore do bem e do mal, sereis como Deus".

A dúvida é instaurada, e a mulher decide comer o fruto proibido. Em seguida, sob o mesmo argumento, oferece o fruto ao homem, que também o come. Quando Deus pergunta ao homem sobre o ocorrido, ele coloca a responsabilidade na mulher. Ela, por sua vez, coloca a culpa na serpente. O resultado? Eles caem de dimensão, se tornam mortais e passam a ter vergonha da própria nudez.

Um tema central aqui é a responsabilidade. Adão e Eva não assumiram suas escolhas e colocaram a culpa na serpente, o mesmo que acontece quando culpamos o outro — a sociedade, as decepções, os traumas — por nossas frustrações. Podemos vencer a serpente nos tornando conscientes, despertos e responsáveis por nossas escolhas.

O casal, agora mortal, concebe dois filhos: Caim e Abel. O Eterno pede uma oferta de cada um deles. A de Abel ele aceita, a de Caim, não: "E trouxe Caim, do fruto da terra, uma oferta ao Eterno. E Abel também trouxe uma oferta, de suas ovelhas. E aceitou o Eterno a oferta de Abel. E a de Caim não aceitou... E levantou-se Caim contra Abel, seu irmão, e o matou." (Gênesis 4:3-8)

A história é uma metáfora sobre o desejo. Abel é o personagem movido por sua essência divina e que compartilhava tudo aquilo que recebia; Caim era movido pelo desejo de receber só para si. A oferta do primeiro era desprovida de segundas intenções e, por isso, foi aceita de bom grado. Já a oferta de Caim foi feita com vaidade, com uma imensa necessidade de reconhecimento e, por isso, não foi aceita.

O personagem de Caim aparece em nossa vida sempre que temos o impulso de levar algo ao outro, mas acabamos optando pelo egoísmo, criando uma energia de mortificação. Este é o mais comum desdobramento para o desejo de receber só para si: a energia de falência.

Essa energia contaminou toda a humanidade, até que mil e quinhentos anos depois os seres humanos tinham se esquecido da plenitude do Paraíso, deixando o mau impulso se multiplicar pelo mundo.

Deus estava pronto para erradicar a espécie que ele construíra à sua imagem e semelhança; se não fosse por um descendente do casal original, que achou graça aos seus olhos.

A ARCA

2ª Porção — Noach

Noé fazia parte da nona geração desde o casal original, Adão e Eva. Ele vivia de forma humilde, pacata e, por isso, achou graça aos olhos do Eterno. A ele foi ordenado:

"Constrói uma arca." (Gênesis 6:14) — Código 3

Uma boa porção de lucidez é pré-requisito ao buscador espiritual. Sabemos que não podemos interpretar literalmente um texto que pede um casal de cada espécie em uma arca. Imagine o tamanho dessa arca... Mas, ao extrairmos o código, a luz se revela. Afinal, que dilúvio era esse que destruiria toda a vida na Terra, exceto os protegidos pela arca?

A palavra em hebraico para "dilúvio", "mabul", pode ser traduzida como "confusão mental". É pela mente confusa que somos assediados e corrompidos, perdendo nosso bem mais precioso: a paz de espírito. As pessoas costumam ser fortes e determinadas quando as águas da emoção estão tranquilas, mas a maioria afunda diante das ondas da perda e da frustração.

Aprendemos aqui sobre um dilúvio particular que acontece na vida de cada um de nós, na maioria dos casos criado pela própria mente humana, desconectada da fonte de luz. Como fazer essa reconexão? Nas medidas da arca reside um grande segredo para superarmos os dilúvios da vida.

"E assim é que a farás: trezentos cúbitos, o comprimento da arca, cinquenta cúbitos, sua largura e trinta cúbitos, a sua altura." (Gênesis 6:15) — Código 4

Os números, na língua hebraica, são referenciados por letras, como acontece com os algarismos romanos. Assim, as medidas da arca descritas tridimensionalmente como 30 x 300 x 50 são originalmente referenciadas por três letras hebraicas: Lamed (ל), Shin (ש) e Nun (נ). Elas formam a palavra "Lashon" (לשן), que significa "Língua". Muito mais do que medidas físicas, trata-se de um código espiritual que nos ensina que podemos resistir aos dilúvios da vida quando aprendemos a lidar com as palavras.

Palavras negativas são um grande obstáculo à evolução: quando você fala para alguém sobre aspectos negativos de outra pessoa, quando você se lamenta, quando você ouve a maledicência de um outro. Boas palavras são um poderoso alicerce na construção da arca interior.

O dilúvio se iniciou no mês de Escorpião e cessou um ano depois, no mesmo mês. Ao sair da arca, Noé plantou uma vinha e depois se embriagou. Um homem considerado bom aos olhos do criador, eleito para uma missão profética, mas que perde o autocontrole. O desgaste se acentua quando seu filho, Cham, vendo sua nudez, em vez de cobri-lo, vai contar aos irmãos. O pai amaldiçoa o filho e um novo conflito surge na Torah.

"Bebeu do vinho, se embriagou e descobriu-se em sua tenda." (Gênesis 9:21) — Código 5

Noé era um justo aos olhos do criador, e ainda assim cometeu um equívoco de grandes proporções. Cada personagem bíblico que erra nos inspira a compreender nossas próprias falhas e lembrar que elas são oportunidades para a evolução.

O momento é recheado de conflitos. Corrupção de valores, um dilúvio devastador e um recomeço difícil, quando um homem justo se perde. Por trás da narrativa aparente, a Torah traz a solução para os dilúvios da vida humana. Raivas, medos, perdas, seja qual for a roupagem, o segredo curativo aparece bem no nome do protagonista da porção.

Noé, em hebraico, é lido como "Noach", e significa "descanso". Nos momentos revoltos da vida, precisamos aprender a meditar, buscar a paz e construir a arca.

UMA VIAGEM INTERIOR

3ª Porção — Lech Lechá

Alguns séculos se passaram até que um novo personagem, aos 75 anos, recebe um chamado do Eterno para partir rumo aos recantos de Canaã: "Sai-te da tua terra, do meio de seus parentes e da casa de seu pai, e vá para a terra que lhe mostrarei. Eu farei de você um grande povo, e o abençoarei." (Gênesis 12:1)

Abrão era originário da cidade de Ur, dos Caldeus, no sul da Mesopotâmia. Filho de Terá e descendente de Sem, filho de Noé. Canaã era a antiga denominação da região correspondente à área do atual estado de Israel. Lá, Abrão formaria sua prole e daria origem a uma grande nação.

Após o chamado, ele deixa a casa dos pais e parte com Sarai, sua esposa, e Lot, seu sobrinho. Quando chega a Canaã, Abrão constrói um altar, o primeiro da Torah, invocando o nome do Eterno:

"E edificou ali um altar ao Eterno, que lhe havia aparecido." (Gênesis 12:7) — Código 6

É um momento marcante, a partir de então seriam criados milhares de altares e templos em todo o mundo. Mas, afinal, por que construir lugares específicos para a comunicação com Deus? Deus precisa de uma casa para falar conosco?

A sabedoria monoteísta explica: Deus está em todos os lugares. Em cada ser humano, animal, planta, mesmo nas situações mais desesperadoras e aparentemente desprovidas de beleza. Não há nada neste mundo que escape à presença divina. No entanto, nem sempre percebemos claramente esta presença. Por isso construímos altares, para jamais esquecer das revelações divinas que nos acompanham no caminho.

O caminho de Abrão era repleto de luz, uma linda missão daquele que se tornaria o primeiro grande patriarca, mas ele carregava uma frustração, porque, já em idade avançada, não havia gerado descendentes. Quando ele menos esperava, o Eterno lhe apareceu com uma mensagem repleta de profundidade:

"Olha para os céus, e conta as estrelas, se pode contá-las. Assim será sua semente!" (Gênesis 15:5) — Código 7

Ele não poderia contar todas as estrelas do céu. O recado oculto no texto diz que é chegado o momento de construir um novo destino: "Olha por cima das estrelas!"

O estudo da astrologia é milenar, e muito pode auxiliar na compreensão das linhas do destino. Entretanto, quanto mais nos dedicamos a traçar um caminho de realização, menos vulneráveis nos tornamos às tendências preestabelecidas e mais capazes nos tornamos de desenhar nosso próprio destino.

Seus encontros com o Criador eram frequentes. Em um deles, o nome Sarai foi modificado para Sarah, e Abrão, para Abrahão: "E não chamarás teu nome Abrão, e Abrahão será teu nome, porque pai de multidões te fiz." (Gênesis 17:5)

A mudança dos nomes do casal é repleta de segredos da numerologia cabalística. Abrahão ganhou uma letra Hei, a quinta do alfabeto hebraico. Sarai perdeu uma letra Iud e ganhou também uma letra Hei, associada à semente. Tudo isso aconteceu quando Abrahão completava 99 anos e prenunciava um grande milagre.

O SACRIFÍCIO

4ª Porção — Vaierá

O nascimento de Isaac havia sido profetizado quando Abrahão e Sarah receberam a visita de três seres enigmáticos. Ao escutar a profecia, ela, que já era bem idosa, riu, em um misto de incredulidade e esperança. O grande sonho do casal era ter um filho. Parecia impossível, mas milagres acontecem, e, no prazo exato determinado pelos três mensageiros do Eterno, nasceu Isaac. Sarah foi tomada por uma alegria indescritível.

O tempo passou, e com ele se foram as lembranças dos milagres divinos. Quando tudo parecia calmo até demais, em especial para um homem com a intensidade do patriarca, o Eterno lhe apareceu, chamando-o pelo nome:

"'Abrahão, Abrahão.' Ele respondeu: 'Eis-me aqui'." (Gênesis 22:1) — Código 8

Deus agora pedia o sacrifício do filho que ele tanto desejara junto à sua esposa. A história é codificada, e, se não fosse assim, seria desprovida de sentido. Por que um homem tão bom e dedicado ao caminho espiritual teria que provar amor a Deus sacrificando seu filho amado?

A mensagem fala sobre a intensidade dos relacionamentos humanos. Não bastassem os perigos que ameaçam nossa sobrevivência no planeta, precisamos, ainda, investir substancial energia no equilíbrio das relações.

Foram dias de profunda reflexão até que pai e filho caminharam juntos, em silêncio, em direção ao sacrifício. Quando chegaram ao alto do cume, Abrahão tomou a faca em sua mão e o anjo de Deus lhe gritou: "Abrahão, Abrahão", e ele respondeu novamente: "Eis-me aqui!" (Gênesis 22:10)

O sacrifício foi revogado. O sacrifício exigido era o da zona de conforto, do esquecimento. Por isso a Torah ressalta que foi dada a mesma resposta em dois momentos tão distintos. Tanto quando Deus ordena o sacrifício como quando o anjo o revoga, a resposta de Abrahão é idêntica: "Eis-me aqui".

Deus queria mobilizar a intensa relação entre um pai e seu filho amado. Voltaram os dois abraçados. Não eram mais os mesmos, eram novos, como Deus sempre quer que sejamos, renovados e presentes.

Mas não haveria muito tempo para celebrar, já que o sobrinho de Abrahão, Lot, havia ido morar com esposa e filhos em Sodoma, que havia sido dominada pelo pecado e seria destruída. Dois anjos foram ao local, na tentativa de salvar o sobrinho de Abrahão, que lá habitava.

Ao mesmo tempo em que Lot recebeu os anjos em sua casa, uma multidão os cercava, ameaçando violar suas filhas. A cidade estava tomada pela perversão, mas os anjos protegem Lot, ordenando-lhe que deixe a cidade com sua família:

"Escapa, por tua alma, não olhes para trás de ti." (Gênesis 19:17) — Código 9

Enquanto eles escapam, Sodoma é destruída por enxofre e fogo. A mulher de Lot não resiste e, apegada ao passado, olha para trás e se torna uma estátua de sal. Esse código ensina sobre quanta energia é desperdiçada no culto ao passado. A vida humana é repleta de situações complicadas, difíceis de serem absorvidas, mas vale a pena se apegar a elas para sempre?

LIVRO 1: GÊNESIS

O velho discurso do "se" — "mas se eu tivesse feito diferente" — não gera nenhuma luz, não faz parte da linguagem da vida real e aprisiona. Apenas no momento presente podemos transformar, iluminar, atrair uma boa sorte.

A BOA SORTE

5ª Porção — Chaiê Sara

Sarah, a esposa de Abrahão, faz sua passagem deste mundo. Com a ausência feminina no lar, o patriarca sente a necessidade de buscar uma esposa para seu filho, Isaac. Para tal, envia Eliezer, homem de sua confiança, fazendo-o antes jurar que trará uma moça de boa família e de boa índole.

A empreitada é de grande importância: trazer uma nova esposa para chefiar a casa, uma herdeira do matriarcado. Seria uma grande bênção escolher uma mulher de bom coração e que fosse boa aos olhos de seu filho, mas como obter tamanha sorte? Será que a sorte cai do céu?

Sabemos que não. Ela é resultante de um poderoso sistema de atração: você colhe as sementes que planta. E, quanto mais você doa ao mundo, mais o mundo responde favoravelmente a você. Trata-se de um princípio universal.

"E saiu Isaac para rezar no campo, à tarde, levantou seus olhos e viu que camelos vinham. E alçou Rebecca aos seus olhos." (Gênesis 24:63) — Código 10

A generosidade é expressa no texto pelos camelos que vinham. Não é literal, a palavra "camelo", do hebraico "Gamal", pode ser lida também como "Guimel" (terceira letra do alfabeto, ג). Cada letra hebraica possui um tema associado, e Guimel representa o compartilhar. Ou seja, o código revela que compartilhar encontra compartilhar e benevolência encontra benevolência.

Foi por isso que Eliezer, um homem bom, encontrou uma moça formosa, educada e generosa a ponto de oferecer água da fonte não só para ele, mas também para seus camelos.

Isaac estava orando, em meditação no campo, quando avistou o servo retornando com sua nova esposa. Enquanto os olhos de Isaac e Rebecca se encontravam, nascia um novo amor.

O servo generoso que viaja com camelos, a moça que oferece água também para os animais, tudo isso simboliza o estado de doação que atrai as maiores bênçãos. Havia merecimento, assim é criada a condição necessária para que as preces sejam levadas às mais elevadas esferas. Quando compreendemos nossa participação na construção de nossa realidade, grandes bênçãos florescem.

"O Eterno tem me abençoado muito." (Gênesis 24:35) — Código 11

Enquanto partia em busca de uma nova matriarca, o servo de Abrahão levava presentes, jamais esquecendo de se curvar e agradecer a Deus, como relatado diversas vezes no texto: "O Eterno tem me abençoado muito". (Gênesis 24:15)

O servo executava sua missão carregado de presentes, com desejo de compartilhar. Sentia-se agradecido e por isso atraiu uma mulher com espírito semelhante. Isaac orava e meditava enquanto esperava, e assim tudo tende a dar certo. Essa é uma lição que ensina o quanto podemos participar ativamente na conquista de nossa boa sorte.

Quando nos sentimos agradecidos, criamos um estado de espírito receptivo a bênçãos e milagres. Em geral, quanto mais reclamamos, mais motivos temos para reclamar. Da mesma forma funciona com o agradecimento. Quanto mais agradecemos, mais motivos temos para agradecer.

O BEM E O MAL

6ª Porção — Toledot

Dar continuidade à família era um sonho de Isaac e Rebecca, mas, assim como aconteceu com seus pais, Isaac não conseguia ter filhos com a esposa. Eles passam muitos anos orando até que o desejo se realiza. Mas o que parecia ser uma grande bênção acaba se transformando em um grande desafio. Nasceram gêmeos, mas que lutavam desde o ventre.

"E saiu o primeiro ruivo, todo ele peludo, e o chamaram Esaú. E depois saiu seu irmão, e sua mão agarrada ao calcanhar de Esaú, e chamou seu nome Jacob." (Gênesis 25:25) — Código 12

Os irmãos em nada combinavam um com o outro. Esaú se especializou como caçador, Jacob se dedicava ao estudo e à meditação.

Um dia, Isaac deixa sua terra junto a Rebecca. Ao chegar em terra estrangeira, com medo de ser atacado por ser marido de uma formosa esposa, ele mentiu, dizendo que ela era sua irmã. Mentiu da mesma forma que seu pai, Abrahão, havia feito décadas antes, quando chegou com Sarah ao Egito.

O nome dessa porção da Torah é "Toledot", que significa "gerações". Nela, os problemas de Abrahão são repetidos por seu filho, Isaac. Primeiro a esterilidade, já que ambos precisaram orar muito para terem descendentes com suas mulheres amadas. Depois a mentira, que não é justificável, em especial para os que trilham o caminho dos mestres.

Existem profundas questões espirituais ligadas às correções, que se deflagram geração a geração. Uma linda lição sobre a saga humana, na qual uma geração dá lugar à outra. Cada uma realizando ou não sua missão no mundo, mas, invariavelmente, vivendo seu tempo e dando lugar à próxima.

Uma geração passa pelo mundo, contribui com criatividade para seu progresso, da mesma forma que deixa o peso de suas ações inconscientes. Quer a balança pese mais para o impulso positivo ou para o impulso negativo, o tempo de um homem passa, dando lugar aos seus filhos, sobrinhos e netos, biológicos ou não.

Diante dessa perspectiva, como nos situamos? Qual é o nosso papel? Fazemos alguma diferença no mundo ou somos apenas mais uma gota d'água em um oceano infinito? São questões repletas de mistério, cercadas pelo imponderável, mas que têm força própria. Quando fazemos esses questionamentos, nos tornamos mais acordados, despertos.

Os anos se passam e é chegada a hora de Isaac transferir o patriarcado para o primogênito. Isaac, já idoso e cego, pede a Esaú para trazer um banquete. O banquete era um costume na transferência do patriarcado. Rebecca escuta o pedido, se antecipa e articula um plano para salvar um legado que, mesmo que geneticamente fosse de direito de Esaú, precisava ser destinado ao filho que nascera para se tornar um líder espiritual: Jacob.

Ela prepara rapidamente uma refeição, veste roupas de Esaú em Jacob e ainda reveste as mãos e o pescoço dele com pele de cabritos, para que pareça peludo como o irmão. Em seguida, Jacob vai ao pai, engana-o se passando pelo irmão e recebe a bênção patriarcal, partindo apressado. Não tarda e chega Esaú com manjares para o pai, que pergunta:

"Quem és tu?" (Gênesis 27:32) — Código 13

Ao compreender que o irmão havia tomado sua primogenitura, Esaú chora em agonia e promete vingança ao irmão. Há grande simbolismo neste episódio.

Os personagens bíblicos vivem dentro de nós. Jacob é a personificação do homem bom, suave e contemplativo, que ora e medita, mas ainda assim é capaz de fazer parte de um plano inescrupuloso. Esaú é a personificação da nossa inclinação primitiva, homem sem refinamento, como um "animal peludo", voltado somente para assuntos mundanos. Mas nem por isso merecia ser vítima de uma armação familiar que fez um bruto como ele chorar em agonia.

Dentro de nós também abrigamos esses personagens: um é suave e contemplativo, o outro mais bruto; um fala em nome da luz, mas nem sempre age de acordo com ela. O bem e o mal estão sempre mesclados, no mundo e dentro de nós. Eles vêm permeando o mundo por meio de gerações.

São diferentes inclinações da alma que aparecem, por exemplo, quando você jura abandonar um vício, mas logo resolve adiar a decisão. Ou quando você promete que vai se dedicar mais àquilo que realmente importa em sua vida, mas logo volta a ficar encoberto pelo mundo aparente e ilusório.

Positivo e negativo são partes inerentes do mundo em que vivemos, estão na própria origem da matéria: em cada coletividade, em cada ser, em cada átomo. Um tema subjetivo, que necessita de um profundo trabalho de auto-observação para que haja transformação interior.

A porção termina com um abrupto rompimento familiar. No mesmo dia em que Jacob é jurado de morte pelo irmão, a mãe decide: "Meu filho, levanta-te e foge à casa de meu irmão Labão, a Haran. E ficarás com eles alguns dias, até que passe o furor de teu irmão." (Gênesis 27:43)

Seriam longos dias de exílio.

O EXÍLIO

7ª Porção — Vaietsê

Pela primeira vez em sua vida, Jacob se afastava da família, e não era por outro desejo senão se salvar da vingança do irmão. Agora ele se encontrava só, diante da escuridão do deserto, dormindo ao relento e improvisando pedras como travesseiros.

Eis que ele sonha o mais belo sonho da sua vida, com anjos que sobem e descem por uma escada. No alto, o Criador lhe anuncia um destino grandioso, com eterna proteção. Quando acorda, seu semblante é outro, uma alegria inexplicável toma conta de seu coração, e, mesmo diante de condições tão adversas, ele diz:

"Deus está aqui e eu não sabia." (Gênesis 28:16) — Código 14

Essa é uma passagem de rara beleza. Ela nos fala sobre o reconhecimento da presença divina a qualquer momento e sem aviso prévio, sobre a possibilidade de transformar lugares aparentemente inóspitos em reduto das mais belas experiências espirituais.

Jacob despertou do sonho, não apenas aquele que sonhamos dormindo, mas de toda uma vida, instaurado no planeta desde que a consciência humana, ao cair em dimensão, aqui se estabeleceu nos arquétipos de Adão e Eva. Passamos todos a acreditar em um mesmo pesadelo insano e a chamá-lo de realidade.

Realidade esta guiada por medo, sofrimento, o brilho das cascas que compõem o mundo material e tantas outras formas assediadoras que corrompem a paz de espírito. É estranho chamar algo assim perecível de realidade. Mas Jacob, de maneira inesperada — e as maiores bênçãos parecem sempre chegar assim —, simplesmente acordou e descobriu uma linda realidade guiada pelo amor.

Ao seguir em seu caminho, ele se deparou com pastores e rebanhos que se revezavam no domínio de um poço para dar de beber aos animais. Eles colocavam uma pesada pedra por cima do poço para que ninguém mais pudesse beber daquela fonte. Quando se virou, Jacob estava frente a frente com uma formosa moça que trazia seu rebanho para beber água. Antes mesmo de se apresentar a ela, ele já estava apaixonado.

Movido pela força inigualável do amor, levantou sozinho a pedra que tampava o poço, dando de beber ao rebanho. Ao descobrir que ela era Rachel, filha de Labão, irmão de sua mãe para cuja casa ele rumava, Jacob chorou.

Entretanto, mesmo revelações mágicas como essa não são poderosas o suficiente para anular outra lei universal: a lei de causa e efeito. Jacob havia plantado sementes que já germinavam, sabia que havia meios mais íntegros para se apoderar de um legado que a ele precisava pertencer. Ele havia escolhido a via da mentira, estampada no seu nome ("Jacob", em hebraico, pode ser lido como "trapaça"), e, neste caso, uma correção seria necessária.

Trabalhou sete anos de graça para o tio Labão em troca da mão de Rachel. Findo o período, eis que o tio lhe engana e lhe dá a mão da primogênita, Lea. Ele se casa com Lea e trabalha por mais sete anos pela mão de Rachel e toma as duas como esposas.

Foram longos anos de exílio, período no qual Jacob concebeu filhos com Rachel, Lea, e suas duas servas. Enganado sucessivamente pelo tio, que ameaçava deixá-lo sem gado, ele jamais conseguia partir, mas era um homem de grande força espiritual e jamais se esqueceu de sua grande revelação: "Deus está aqui e eu não sabia." Deus está em todos os tempos e lugares, só depende de nós percebermos sua presença.

Vinte anos após a aparição de Deus naquele magnífico sonho com as escadas que levavam ao céu, o Eterno volta a lhe falar: "Volta a terra de seus pais e para a tua parentela e Eu estarei contigo!" (Gênesis 31:3)

Era chegado o momento do retorno.

A TRANSFORMAÇÃO

8ª Porção — Vayishlach

Vinte anos antes, seu irmão o jurara de morte. Agora, Jacob precisava de ajuda dos mundos superiores.

"E voltaram os mensageiros a Jacob dizendo: fomos ter com teu irmão, Esaú, ele vem ao teu encontro e 400 homens com ele." (Gênesis 32:7) — Código 15

Ao descobrir que Esaú caminhava em sua direção com 400 homens, Jacob entrou em pânico, temendo perder a vida. Jacob meditou, orou e preparou como presente animais do seu rebanho para que seus servos os entregassem a Esaú na esperança de apaziguar a ira do irmão. Ele caminhou sozinho para o deserto.

O número 400 é um código, pois representa a última letra do alfabeto hebraico, Tav (ת), relacionada à morte, o mais profundo tema humano. A ideia da despedida do mundo pressupõe a perda do corpo e a falta de controle sobre o rumo das coisas. De fato, a morte pode parecer assustadora, mas se fosse tão grave, por que todos os mestres que penetraram nos maiores mistérios do universo falavam de maneira destemida sobre ela?

Acostumado a viver entre esposas, filhos e servas, o espaço agora era de profunda solidão. Os pensamentos obsessivos e o medo da morte se mesclavam, provocando uma pane que o fez silenciar e entrar em profundo estado meditativo. Ele se encontrou frente a frente com o anjo Peniel, lutaram a noite inteira e ele saiu ferido, porém não derrotado. Por isso, ao amanhecer, seria abençoado com um novo nome.

"Não, Jacob não será mais teu nome, senão Israel, pois lutaste com o anjo e venceste." (Gênesis 32:29) — Código 16

Foi no silêncio do deserto que Jacob recebeu do Eterno seu novo nome: Israel, uma palavra codificada. No original em hebraico, a palavra "Israel" contém as iniciais dos patriarcas e matriarcas. Pode ser transformada em números também, revelando uma poderosa meditação milenar. Israel é um nome que marca a transformação de um homem repleto de falhas em um ser iluminado.

A iluminação é um momento glorioso, quando o ego sai e surge o novo ser desperto. Morre a ilusão e floresce algo inteiramente vivo. Quando começamos a dizer sim à vida, a cada pequeno momento, a despedida final deixa de ser temida.

O novo ser, agora iluminado, partiu para o reencontro do irmão e, diante dele, se prostrou. Resultado? O irmão o abraçou e beijou. Aconteceu, então, um diálogo que poderia passar despercebido no texto bíblico, mas que é de grande relevância. Israel ofereceu muitos presentes para Esaú: ovelhas, gado, servos. Esaú ameaçou não aceitar, dizendo: "Eu tenho muito." Mas Israel insistiu: "Por favor, aceite, pois eu tenho tudo." (Gênesis 33:11)

Esse é o grande diferencial do justo, do iluminado. Ele não "tem muito", pois implicaria estado de falta, de que algo ainda pode ser acrescentado ou mesmo perdido. Ele "tem tudo", pois, em comunhão com o divino, a vida se torna radiante e completa.

A DETERMINAÇÃO

9ª Porção — Vaieshev

José era um dos 12 filhos de Jacob, um homem justo e que passa por inúmeras provações. Aos 17 anos, revela um sonho no qual os irmãos se prostram para ele. Eles não gostam desse sonho, o jogam no poço e o vendem como escravo para o Egito.

Lá ele serve à Potifar, um oficial do alto comando que, devido ao seu empenho e dedicação, muito se apega a ele e elege-o chefe dos empregados. José era confiável e, onde estivesse, atraía prosperidade. Por algum tempo, as coisas se equilibram, até que a linda mulher de Potifar passa a assediar José. Ele não cedeu aos desejos da dama, que, revoltada com o desprezo, forjou uma situação e acusou-o de assédio sexual. Por isso, ele foi jogado na prisão, e nela ficou por longos anos.

Mesmo diante de tamanhas provações, José sempre reage em paz, jamais desiste de seu propósito. É jogado no poço duas vezes, a primeira pelos irmãos, a segunda pelo patrão, ambas injustamente. Ainda assim, ele jamais perde o foco e, por onde passa, deixa a marca da força de sua missão. Sua saga inspira determinação. E qual seria o segredo para tanta determinação?

A Torah interrompe a saga de José para relatar um episódio que aparentemente não tem qualquer relação com o resto da porção. O que indica a presença de um novo código, que traz como segredo para o desenvolvimento a grande virtude de José: a determinação.

Judá, irmão mais velho de José, tinha três filhos. Casou o primeiro filho com uma moça chamada Tamar. Este filho morreu. Então casou o segundo filho com Tamar. Ele também morreu. Com medo de que ela estivesse imbuída de uma maldição, Judá evitou a união do seu terceiro filho com a viúva.

O tempo passou e ela se revoltou por não ter sido oferecida ao terceiro filho; e, assim, se disfarçou de rameira em uma encruzilhada. Ali seduziu Judá, que, sem reconhecê-la, lhe entregou uma penhora, os três objetos que ele carregava: um anel-selo, um manto e um cajado.

Tamar não foi mais encontrada até que, após três meses, descobriu-se que ela estava grávida, e acusaram-na de adúltera. Judá condenou-a à morte, mas ela mostrou a penhora e lhe disse:

"Do homem que possui estes pertences; o anel-selo, o manto e o cajado; eu concebi." (Gênesis 38:25) — Código 17

Judá a absolveu, pois sabia que a semente que havia concebido a moça era sua. Os objetos de penhora, o anel-selo, o manto e o cajado são códigos que revelam o segredo da determinação e foco de José, tão raros para o ser humano comum.

O anel-selo serve para lembrarmos do propósito. As forças que puxam para baixo são muitas, inclusive a própria gravidade. Esteja você no cume do sucesso ou no fundo do poço, há sempre uma pressão do ego que aparece na forma de vaidade, maledicência, raiva e outras formas de expressões negativas. Somente com um propósito maior pode-se dizer "não" ao que não serve e prosseguir no caminho da luz.

O manto representa a proteção divina, tão necessária no caminho. Lembrar que nunca estamos sós, como relatou o rei David, de abençoada memória, no salmo 121: "Ergo meus olhos para ti, de onde virá meu auxílio."

O cajado é um objeto vertical, fala sobre estar de pé diante dos desafios. As provações da vida são também oportunidades para lapidar a alma. E por mais que alguns testes sejam árduos, não podemos deixar que eles nos abatam a ponto de nos desviarmos de nossa missão.

Os três objetos de penhora são alegóricos e revelam o segredo da determinação. Com o anel-selo, você nunca se esquece de seu propósito maior. Com o manto, você pode sentir a proteção do divino, lembrando que nunca está só. O cajado ensina que não podemos sucumbir diante dos desafios da vida.

José se revela como um mestre da determinação, jamais perdendo a clareza de seu propósito. Não reclama, não desiste e não se deixa corromper. Compreende o valor das dificuldades e, de pé, jamais deixa que algo lhe tire a prontidão diante do criador. Para quem age assim, a vida reserva surpresas abençoadas.

A ENTREGA

10ª Porção — Mikêts

Há 12 anos na prisão, José, que havia feito fama como conhecedor dos sonhos, foi convocado pelo faraó. Ele tivera um sonho para o qual as interpretações de seus magos não o convenceram. Chamaram-no: "O Faraó sonhou e chamou a José e fizeram-no sair do cárcere." (Gênesis 41:14)

Muitos anos antes, apareceram na prisão dois empregados do faraó, o chefe dos copeiros e o chefe dos padeiros. Ambos sonharam e José, que era um especialista nesta arte, revelou o significado do sonho para ambos. No caso do copeiro, ele disse: "Em três dias, você estará retornando ao seu ofício junto ao faraó." No caso do padeiro, ele disse: "Em três dias, você será enforcado." Aconteceu exatamente como o previsto.

Agora lhe era oferecida a oportunidade de remover o fardo da prisão e, mais ainda, transformar a sua vida. Uma situação-limite, repleta de tensão, mas José estava tranquilo, sabia de onde vinha sua força. Por isso, quando o faraó lhe fez um elogio, enaltecendo sua maestria na interpretação dos sonhos, ele respondeu com firmeza:

"Longe de mim, Deus é que há de dar uma resposta ao Faraó!" (Gênesis 41:16) — Código 18

José sabia que era apenas um instrumento a serviço de algo muito maior do que ele. Fazia sempre seu melhor, mas deixando os méritos à verdadeira força que lhe conduzia. Agindo assim, tudo tende a dar certo.

Ele interpretou o sonho, explicando que sete vacas gordas seguidas de sete vacas magras anunciavam uma abundância de sete anos na terra, seguida de uma grande privação por igual período. A interpretação foi precisa e, com isso, José conquistou a confiança do faraó, que o nomeou governante do Egito.

Vendido pelos irmãos como escravo, assediado, caluniado e preso injustamente, ele jamais esmoreceu. Não se desesperava diante das provações da vida. De prisioneiro, passou a ser primeiro-ministro do faraó.

Momentos-chave podem trazer grande temor. Imagine que quando José foi chamado, este era um momento ímpar em sua trajetória. Ele estava preso há muitos anos. Se falhasse, não teria mais qualquer esperança em sua vida, mas, como sabia de onde vinha sua força, foi bem-sucedido.

Esse é um ponto fundamental da entrega. Se você deixa de dar importância demasiada a si mesmo, se passa a reconhecer que há uma força muito maior, que já existia antes de seu nascimento e que continuará a existir após a sua morte, então você descobre o quanto toda essa resistência é inútil.

Como José, podemos abrir mão do controle excessivo e entregar nossa vida à luz onipresente. Não podemos controlar tudo, mas podemos trabalhar, confiar e entregar.

O PERDÃO

11ª Porção — Vayigásh

Após sete anos de fartura, chegava a fome se alastrando por toda a Terra.

Por isso, o já idoso Jacob envia dez dos onze filhos que viviam com ele para buscar alimentos no Egito. Manteve Benjamim com ele, por segurança, caso acontecesse algo aos demais.

Vinte e dois anos se passaram desde que José havia sido vendido pelos irmãos e, desde lá, jamais tivera contato com a família.

Por isso, quando chegaram ao Egito, os irmãos não o reconheceram. Mas José reconheceu os irmãos e decidiu testá-los. Quando eles pedem para comprar provisões, ele fala:

— Primeiro vocês vão me dizer de onde vieram, vocês são espiões? Vieram de onde? Cadê seu pai? Ele está vivo? Vocês têm algum outro irmão?

Eles respondem que o pai ficou em casa com o outro irmão. José replica: "Só vou dar mantimentos a vocês se trouxerem outro irmão, desta forma vou acreditar que falam a verdade."

Eles voltam para casa e Jacob reluta muito em deixar Benjamim partir, com medo de ficar sem filhos, mas ele não tinha outra opção. Quando José reencontra Benjamin, se emociona muito. Era seu único irmão de sangue, de pai e mãe.

Ele alimenta a todos e, quando estão de partida, coloca um valioso copo de prata na bolsa de Benjamin. Pouco tempo depois, o segurança da casa de José vai lá atrás deles, encontra o objeto e ameaça prender Benjamin. "E procurou, começou no grande, e no pequeno terminou; e foi encontrado o copo na bolsa de Benjamin!" (Gênesis 44:12)

José aplicava duros testes nos irmãos, porque precisava saber se eles tinham corrigido o caráter perverso da juventude. E se surpreende positivamente quando os irmãos dizem: "Se ele for preso, nós vamos todos juntos, a culpa é de todos nós."

José tentava perdoar os irmãos, uma tarefa árdua, mas ele era um justo e sabia que, dentro de uma perspectiva mais profunda, a vida é apenas um teste, rápida e passageira se comparada à dimensão da alma.

Ele, então, levantou sua voz em choro e disse aos seus irmãos: "Eu sou José."

Quando descobriram sua real identidade, os irmãos choraram em um misto de dor e medo por tudo o que tinham feito a ele; enquanto ele, por sua vez, os abraçou e beijou. Eles estranharam, pois sabiam o que haviam feito, humilhando-o e vendendo-o como escravo.

Mas José escolheu ver a situação como um presente divino. Não queria se apegar aos erros do passado, preferiu focar no amor. Uma única decisão em nome do amor pode mudar a história do mundo. Já em paz com os irmãos, José enviou presentes ao pai, que se encheu de emoção:

"José mandou 20 jumentos carregados para Jacob. Ao ver os carros que José mandara para ele, o espírito de Jacob reviveu." (Gênesis 45:23) — Código 19

O número 20, em hebraico, é representado pela letra Caf (כ) e fala do sistema de causa e efeito. As sementes às vezes demoram mais, às vezes menos, mas um dia elas brotam e florescem. Leve perdão e amor ao mundo e o mundo retornará perdão e amor para você.

O NÃO JULGAMENTO

12ª Porção — Vaichi

A última porção do livro de Gênesis traz de volta o patriarca Jacob em um discurso profético na sua despedida deste mundo. Ele aqui define as "12 tribos de Israel", que vai muito além do literal. Na verdade, ele divide o caminho da iluminação, tão raro para o ser comum, em 12 etapas relacionadas aos 12 signos. Um conhecimento que seria extremamente importante para as próximas gerações.

Uma frase marcante encerra este primeiro livro da Torah. Quando Jacob morre, os irmãos de José vão a ele, temerosos, acreditando que serão punidos por toda a maldade que fizeram. O pai não vivia mais, ele poderia se vingar. Engano deles: emocionado, José chora e questiona:

"Acaso estou eu no lugar de Deus?" (Gênesis 50:19) — Código 20

José era um mestre iluminado, conhecia a lei de causa e efeito que rege este mundo. Não cabe a nós julgar; sempre que fazemos isso, perdemos o foco do bem maior e entramos em uma vibração mais baixa. Para que julgar as pessoas ou as situações? Por que tanto ressentimento por coisas que já passaram e não existem mais?

Muitos oram, estudam, se dedicam ao autoaprimoramento, mas continuam a julgar os outros e a si mesmos. Por isso, não encontram a recompensa do caminho; em suma, o despertar.

O livro de Gênesis se encerra com uma grande lição: quanto menos julgamos o próximo, mais a alegria nos dá as boas-vindas. A alegria é um ingrediente essencial no caminho do despertar interior, tema central do próximo livro da Torah.

LIVRO 2

Êxodo

"Rompe a muralha, joga fora os muros da vaidade, se queres ouvir. Se não ouves, não há Deus, tu mesmo és o Deus. Ouvir é abrir-se, escutar, deixar-se fecundar pela Criação e fazer parte dela. Então os anjos sobem e descem. Envia-os para cima, e eles te serão devolvidos. O trabalho é todo teu, criar anjos, abrir ouvidos, fazer-se porta da eternidade. Ouve! Como é difícil ouvir! Deve-se começar de baixo, ouvindo o próximo, escutando o vizinho, o menos distante, os seres queridos."

JAIME BARYLKO

A REVELAÇÃO

13ª Porção — Shemot

Um novo faraó subiu ao trono no Egito, esquecendo-se de todas as bênçãos que José tinha trazido ao seu povo. Com receio do crescimento dos herdeiros de José, ele decretou que todo filho homem nascido de hebreus deveria ser morto. A mãe de Moisés havia acabado de dar à luz, escondeu-o enquanto podia, mas, quando percebeu que não seria mais possível ocultá-lo, deixou-o em uma pequena cesta às margens do rio Nilo.

A filha do faraó encontrou o bebê e acabou criando-o com grande afeto, como se fosse seu próprio filho, com todo o conforto e acesso à educação. Um dia, já crescido, Moisés resolveu sair do palácio e ver o que se passava fora dele. Ao defender um hebreu que se encontrava escravizado e era surrado violentamente por um egípcio, acabou matando o egípcio, e por isso teve que se afastar.

Durante o exílio, Moisés viveu em uma cidade vizinha. Foi lá que ele recebeu pela primeira vez a revelação de Deus. Moisés caminhava à luz do dia, em profundo estado meditativo, quando se deparou com uma sarça ardente. A sarça era um tipo de planta comum naquela região e um tipo de arbusto que pegava fogo com frequência, devido ao forte calor. No entanto, o arbusto pegava fogo e jamais se consumia, mantendo-se ileso: "Moisés olhava para a sarça pegando fogo, mas ela jamais se consumia." (Êxodo 3:2)

Diante do milagre, Moisés tem uma longa conversa com Deus e ali recebe sua missão: libertar seu povo da escravidão. Diante da sarça, temos um diálogo de rara profundidade. Moisés pergunta a Deus: "Qual seu nome?" O Eterno então responde:

"Eu sou o que sou!" (Êxodo 3:14) — Código 21

"Eu sou o que sou" revela a necessidade de nos tornarmos mais meditativos e presentes. Foi nesse estado de espírito que Moisés enxergou o milagre. Ele poderia ter passado apressado pela sarça. Era um pastor, tinha muitas ovelhas para cuidar, mas se permitiu parar, contemplar, e, ao mudar seu estado de espírito, lá estava Deus esperando por ele.

O contato com o momento presente permite o surgimento de uma nova mente, a criativa, que é capaz de inventar, compor, brincar. Por viver inteiramente no presente, sem qualquer expectativa em relação ao futuro, ciente de que estava sempre comandado por uma força muito maior, Jesus disse: "Eu sou o caminho."

Essa frase precisa ser compreendida. Ele era um mestre da prática, por isso ensinava não pela erudição, mas pelo seu próprio exemplo de vida. Queria mostrar que não existe caminho para Deus, exceto o do encontro do ser. O "Eu sou" denota grande entrega ao momento e a vida como ela é, sem qualquer necessidade de mudança. Essa pequena frase é capaz de quebrar todas as barreiras mentais.

É pela mente que construímos presídios, por meio de apegos, aversões e expectativas que nos tiram da experiência real da vida. A libertação não é fácil, precisamos preservar vivos os momentos de revelação divina, porque é essa força que nos guia no caminho do despertar.

Diferentemente de Jacob, que partiu para o deserto sozinho rumo à sua iluminação, aqui a missão é coletiva. Moisés precisa libertar não apenas a si, mas todo um grupo. Agora ele conhecia os mistérios do santo nome e estava pronto para seguir em frente.

O CHAMADO

14ª Porção — Vaerá

As conversas de Moisés com o criador tornam-se cada vez mais frequentes. Em um dado momento, o Eterno lhe orienta a ir ao faraó exigir a liberdade de seu povo. Ele reluta: se o próprio povo não escutara seu chamado, como iria o faraó escutar? Mas o Eterno simplesmente lhe responde:

"Eu estarei contigo." (Êxodo 6:6) — Código 22

É um momento-chave, propício a grandes reflexões. A começar pelos personagens antagônicos: Moisés e o faraó. Moisés é uma palavra-código que referencia a alma superior. Aquele que percebe a presença divina, que abandona luxos em função de uma vida significativa. O Egito também é uma palavra-código, território de feitores e escravos, comandado pelo apego. É o reino do "faraó", em que a conexão com a luz se perde.

O desejo pela libertação precisa ser uma prioridade. O faraó interior pode crescer a qualquer momento. Por isso, precisamos da força maior, a mesma que guiou Moisés. Uma força de vibração elevada, reparadora e curativa, como aquela que falou a ele: "Eu estarei contigo!"

Com a confiança de quem é guiado pelo Eterno, Moisés retornou a sua terra natal e, com seu irmão, Aarão, se dirigiu ao palácio do Eterno. O faraó os recebeu e, quando Moisés pediu a libertação de seu povo, o faraó zombou dele, perguntando com que autoridade ele pedia aquilo. Moisés pegou seu cajado e transformou-o em serpente.

O faraó gargalhou, desdenhou e convocou seus magos a fazerem o mesmo.

Moisés ficou surpreso e levou seus olhos para o alto, fazendo conexão com a luz que o guiava. Em seguida, transformou sua serpente em cajado novamente, tragando todas as demais serpentes — isso os magos egípcios não conseguiam fazer.

Diante da relutância do faraó em libertar os Hebreus, o Eterno lança pragas sobre o seu reino, o Egito. As pragas são simbólicas e representam a luta do homem com seu próprio ego. A primeira, por exemplo, transformou toda a água do Nilo em sangue. Com isso, os que viviam na via do culto à matéria se desesperaram, porque não sabiam lidar com as privações. Não podiam ficar nem ao menos algumas horas sem água e logo sentiam muita sede. Já os que buscavam atravessar a fronteira para a via do amor, não sofreram tanto, porque estavam acostumados com práticas de contração, como o jejum.

Muitas pragas eram necessárias. Sete das dez pragas acontecem nesta porção, porque o ego não desiste fácil. Acontece conosco quando, por exemplo, passamos por uma situação de risco e, assustados, prometemos largar os apegos inúteis para levar uma vida mais focada no amor. Mas, assim que reestabelecidos, acabamos nos esquecendo e voltando a viver no mesmo padrão vibratório de antes.

Moisés foi um grande líder e o arquétipo vive ainda hoje dentro da consciência de cada homem. Surge quando você se lembra que é apenas um grão de areia, que pode refletir o sol e iluminar o mundo, mas ainda assim: um grão de areia. O faraó também não morreu, ele ganha vida sempre que você acredita que o grão de areia é muito importante e que precisa conquistar o mundo.

LEMBRAR DE SI

15ª Porção — Bô

O faraó cedia a cada praga, depois se arrependia. Foi lançada então uma oitava praga: "Estende tua mão sobre a terra do Egito, pelo gafanhoto, e que suba sobre a terra do Egito, e coma toda a erva da terra." (Êxodo 10:12)

O gafanhoto que come a semente da terra revela a necessidade de atingirmos a semente de nossos padrões. Esse é o recado da oitava praga: identifique as sementes traumáticas da vida e direcione o foco inteiramente para o trabalho de consciência. Novas sementes de luz irão germinar e naturalmente vão substituir as antigas.

A praga dos gafanhotos cessou, novamente o faraó voltou atrás e uma nova praga foi anunciada: "Estende sua mão aos céus, e que haja escuridão sobre a terra do Egito, mais que a escuridão da noite." (Êxodo 10:21)

Luz é uma palavra central dentro da espiritualidade. Toda a criação se deu por um pronunciamento, logo no início da Torah: "Que seja luz." O texto é aparentemente ambíguo, pois, ao mesmo tempo que há escuridão sobre o Egito, sobre o povo de Moisés, há luz. Ou seja, a escuridão não era para todos, somente para os que se submetiam ao faraó. Em outras palavras, se você coloca um novo olhar sobre a vida, com mais sabedoria, seja qual for a escuridão, ela se desfaz.

E, depois de tantas idas e vindas, nas quais o faraó amolecia e endurecia seu coração, finalmente, a décima praga foi anunciada:

"Por volta de meia-noite, sairei por todo o Egito e morrerá todo primogênito na terra do Egito." (Êxodo 11:4) — Código 23

Seria muito perverso que algo assim fosse literal. O tema da primogenitura é todo codificado, tanto que Abrahão, Isaac, Jacob, José, nenhum dos patriarcas foi primogênito biológico. O anjo da morte passou por todo o Egito, mas não atacou as casas dos hebreus, porque estas estavam protegidas nos umbrais.

Este é um grande ensinamento: proteger as portas, físicas ou não. As energias entram pelas portas que abrimos. Há grande sabedoria em fechar portas para a sombra e abrir portas para a luz.

O MILAGRE

16ª Porção — Beshalách

Diante da décima praga, o faraó promete libertar definitivamente os hebreus. Partem 600 mil, mas, não tarda, o faraó se arrepende e parte à caça deles. Os hebreus marcham confiantes, até que surge um grande impasse: ao olhar para um lado, o intransponível mar Vermelho; ao olhar para o outro, o exército egípcio.

Desarmados, frente a frente com um exército poderoso, estavam encurralados. O que fazer? Diante desse dilema, Moisés se afasta e procura orientação divina. Quando retorna, transmite o recado:

"O Eterno por vocês lutará, mas vocês devem permanecer quietos." (Êxodo 14:14) — Código 24

"Permanecer quieto" é a essência do comportamento contemplativo. Foi o que possibilitou a Moisés receber sua primeira grande revelação de Deus, quando, muito tempo antes, ele se permitiu parar e observar a sarça em brasa que não se consumia.

No comportamento contemplativo, ao se deparar com um obstáculo, você evita a reação impulsiva e injeta luz na situação. A ação resultante não será apenas uma resposta instintiva, mas sim acessando toda a luz de Deus. Essa é a mensagem do Eterno a Moisés, que, mesmo diante de uma dificuldade tão extrema, deve contrair e entrar em profundo estado meditativo. Quando ele abre os olhos, ó mar se abre.

"E estendeu Moisés sua mão sobre o mar e levou o Eterno o mar, com um forte vento do oriente, durante toda a noite, e fez

**do mar terra seca e foram divididas as águas." (Êxodo 14:21) —
Código 25**

Os hebreus começam a atravessar o mar em uma narrativa especialmente codificada:

"E moveu-se o anjo de Deus, o que andava diante do acampamento de Israel, e foi atrás deles; e moveu-se a coluna de nuvem da frente deles e pôs-se atrás deles." (Êxodo 14:19)

"E pôs-se entre o acampamento dos egípcios e o acampamento de Israel; e foi a nuvem e a escuridão e iluminou a noite; e não se aproximaram um do outro toda a noite." (Êxodo 14:20)

"E estendeu Moisés sua mão sobre o mar e levou o Eterno o mar, com um forte vento do oriente, durante toda a noite, e fez do mar terra seca e foram divididas as águas." (Êxodo 14:21)

Aparenta ser um texto bonito, poético, mas é muito mais que isso. No texto original, ao contar o número de caracteres dessas três frases, descobrimos que cada uma delas tem exatamente 72 letras. Seria coincidência? Por que o momento mais marcante de todo o texto da Bíblia é descrito em três versículos com número idêntico de caracteres? Não acontece em nenhum outro lugar, entre centenas de milhares de letras da Torah.

A sabedoria da Cabala decodifica esses três versículos e revela algo de grandes proporções. Ao combinar as letras dessa passagem, descobrimos que elas ocultam uma intrigante fórmula espiritual, como uma senha que dá acesso à dimensão do milagre.

Esses três versículos revelam os 72 nomes de Deus, poderosa ferramenta de meditação cabalística que, usada por alguém como Moisés, poderia fazer grandes milagres.

A tradução literal deste episódio revela que Moisés abriu o "mar do fim" (Iam Suf), que em hebraico é similar a dizer que ele abriu o "mundo infinito" (Ein Sof). Portanto, ele abriu naquele momento um receptor para o mundo infinito e nesta dimensão qualquer milagre é possível.

O significado mais profundo por trás de toda a história da travessia dos hebreus do Egito até a terra prometida fala de três dimensões de existência.

O Egito é uma palavra-código para nosso comportamento repetitivo e escravo, representado principalmente pelo desejo de receber só para si. É comum recebermos preciosos sinais do caminho que devemos tomar, e ainda assim continuarmos a cair nas mesmas armadilhas, repetindo os mesmos padrões compulsivos, e nos afastando do caminho da luz.

A travessia do deserto é o caminho longo, árduo e cheio de dificuldades que percorremos para sair deste estado de escravidão aos nossos egos e chegar à uma nova consciência.

A terra prometida aponta para um estado elevado de consciência, em que compreendemos o lugar que ocupamos na existência e atingimos a dimensão do amor.

O mar que separa o Egito do deserto havia sido aberto, mas um longo caminho ainda seria percorrido até a terra prometida. Moisés precisava de orientação para prosseguir nesta jornada.

OS 72 NOMES DE DEUS

כהת	אכא	ללה	מהש	עלם	סיט	ילי	והו
הקם	הרי	מבה	יזל	ההע	לאו	אלד	הזי
וזהו	מלה	ייי	נלך	פהל	לוו	כלי	לאו
ושר	לכב	אום	ריי	שאה	ירת	האא	נתה
ייז	רהע	וזעם	אני	מנד	כוק	להוז	יוזו
מיה	עשל	ערי	סאל	ילה	וול	מיך	ההה
פוי	מבה	נית	נגא	עמם	הוזש	דני	והו
מוזי	ענו	יהה	ומב	מצר	הרוז	ייל	נמם
מום	היי	יבמ	ראה	וזבו	איע	מנק	דמב

Os 72 Nomes de Deus são obtidos pelas permutações das letras dos três versículos que apontam a abertura do mar na Torah, cada um com exatos 72 caracteres.

O ESSENCIAL

17ª Porção — Yitró

Após o grande milagre da abertura do mar, Moisés precisava preparar seu povo para a caminhada rumo à terra prometida. Ele se sentia ainda despreparado para uma função de tamanha responsabilidade e, por isso, se afastou e foi para a cidade de Midiã, onde habitava seu sogro, Yitró. A região de Midiã se situava no noroeste da península Arábica, na margem oriental do golfo ao mar Vermelho.

Yitró lhe dá conselhos preciosos, lhe ensina sobre a importância de dividir parte do trabalho com demais líderes por ele preparados para evitar um grande peso sobre seus ombros.

É curioso o fato de que o único mestre que aparece na vida de Moisés é um egípcio pagão. Personagem protagonista e autor da Torah, Moisés agora tem como mestre um homem de outro caminho espiritual. O que aprendemos com isso?

Primeiramente, que o caminho espiritual não tem relação com etnia, classe, ou qualquer outro tipo de divisão social; ele pede apenas um profundo desejo pela evolução. Como disse o Eterno a Moisés antes de o mar se abrir: "Caminhe!"

Aprendemos também sobre a importância do mestre, porque ele ajuda a desenvolver virtudes como humildade e autoanulação, essenciais no caminho para a terra prometida.

Passados 47 dias da saída do Egito, O Eterno ordena a Moisés: "Vai ao povo, e santifica-os hoje e amanhã, e lavem eles as suas roupas, e estejam prontos para o terceiro dia; porquanto no terceiro dia o Senhor descerá diante dos olhos de todo o povo sobre o monte Sinai." (Êxodo 19:10)

São dias dedicados a uma completa purificação, todos sabiam que algo de grande magnitude estaria por vir. Até que, exatos 50 dias após a saída do Egito, Moisés estava aos pés do monte Sinai, pronto para transmitir os dez mandamentos. O monte fumegava, o som do shofar parecia se estender por todo o deserto, até que ele inicia seu pronunciamento:

"Eu sou o Eterno teu Deus." — Primeiro Mandamento (Êxodo 20:2) — Código 26

Deus está em todos os momentos e lugares. A célula parece pequena, mas é de complexidade infinita. A existência é magnânima, e o que somos nós diante do infinito? Um fragmento, quase imperceptível. Ainda que você seja rico, famoso, reconhecido mundialmente, coloque-se diante da magnitude do espaço e do tempo.

Um homem morre e, sob a perspectiva deste mundo, ele simplesmente se esvai. Ele continua a existir em outros planos, mas aqui no físico não sobra nada: beleza, títulos, patrimônio, tudo acaba. O primeiro mandamento nos ensina a tirar o foco de todos os pequenos assuntos do mundo perecível para nos entregarmos à presença maior, que protege, conforta e guia no caminho do despertar interior.

"Não farás idolatria." — Segundo Mandamento (Êxodo 20:4) — Código 27

O segundo dos dez mandamentos dá grande atenção ao tema da idolatria. Mais do que construir uma estátua e adorá-la, a idolatria é confundir o receptor com o emanador. E não são apenas os objetos materiais os focos de idolatria: podem ser também relacionamentos, títulos, posição social.

Essa é a profundidade do segundo mandamento. Desfrute dos objetos da vida, mas lembre-se de que são ilusórios; não se identifique demais com eles. Seja qual for o tamanho do seu sucesso, lembre-se de que ele é insignificante perto da luz que nos ilumina.

Qualquer que seja o objeto deste mundo, seja físico, emocional ou mental, só se torna abençoado quando você enxerga nele a luz de Deus. Jesus era estudioso da Torah e, por isso, nos deixou a célebre frase: "Amai a Deus sobre todas as coisas."

"Não jurarás meu nome em vão." — Terceiro Mandamento (Êxodo 20:7) — Código 28

Jurar em vão acontece quando você entra no templo repleto de negatividade e começa a orar. Mesmo que sejam orações sagradas, não fazem efeito se pronunciadas fora do estado de espírito apropriado. Por isso, disse Jesus: "Antes de entrar no templo, perdoe."

Os dez mandamentos surgem no segundo livro da Torah, conhecido como Êxodo, que originalmente em hebraico é "Shemot", cuja tradução é "Nomes".

Nele acontecem milagres como a abertura do mar, os dez mandamentos, todos relacionados com a evocação de nomes sagrados. O terceiro mandamento ressalta nossa responsabilidade com o uso dos nomes sagrados.

"Santificarás o sétimo dia." — Quarto Mandamento (Êxodo 20:8) — Código 29

O quarto mandamento ensina sobre a importância do sétimo dia. É curioso, porque se trata de um texto escrito há 3.500 anos. De lá para cá foram explorados todos os cantos da Terra e, entre centenas de línguas, culturas e moedas, o sistema de divisão da semana em sete dias permanece idêntico em todo o mundo.

Um dia santificado traz uma oportunidade preciosa para contemplar, refletir e somente depois começar um novo ciclo. Nos demais dias da semana precisamos focar nos objetos do espaço, sustento e sobrevivência. No mundo material podem demandar grande energia, mas também precisamos parar e lembrar da nossa essência. Por isso, a prática do dia santo é tão luminosa. Em pelo menos um dia na semana, você deixa de ser produtivo, para e contempla, e descobre a preciosidade de uma vida com paz e alegria.

"Honrarás pai e mãe." — Quinto Mandamento (Êxodo 20:12) — Código 30

O quinto mandamento ensina que devemos ser gratos pelas nossas origens. É fato que algumas pessoas mantêm uma relação melhor com seus pais e outras têm maiores dificuldades. Seria possível agradecer mesmo nas condições mais adversas?

A Torah ensina que devemos expressar nossa gratidão para todos aqueles que nos ajudaram a chegar até o presente momento de nossa trajetória. Pais, amigos, mestres, seja a família genética ou não, é preciso honrar aqueles que cuidaram de nós.

"Não matarás." — Sexto Mandamento (Êxodo 20:13) — Código 31

"Não matarás" é um mandamento de grande profundidade. A começar pela interpretação literal, já que ninguém deve tirar a vida de outro. Mas existem ainda os códigos que revelam sua luz plena.

O código deste mandamento alerta sobre uma energia especialmente perigosa: o anjo da morte. Ele pode não apenas tirar uma vida, mas também deteriorar a saúde ou o estado mental de uma pessoa. Todo anjo é uma energia, e existem formas pelas quais ele é atraído. A palavra negativa, em especial, atrai essa energia de mortificação.

Quando a palavra é utilizada negativamente, ela provoca danos na alma. Falar para alguém sobre aspectos negativos de outra pessoa, se lamentar e ouvir a maledicência do outro são formas de atrair negatividade — esse é o segredo por trás de "não matarás".

"Não adulterarás." — Sétimo Mandamento (Êxodo 20:14) — Código 32

O adultério mencionado fala da quebra de um pacto. Pode ser dentro de um casamento, em uma relação de amizade, ou mesmo no caminho espiritual, que também pede um pacto. Você recebe uma unção, é iniciado no caminho, guiado por um mestre, junto a um grupo. Se um dia desejar deixar tal caminho, faça isso da maneira mais apropriada. A quebra do pacto pode trazer dificuldades energéticas, por isso é importante expressar agradecimento e desfazer ritualisticamente antigos pactos.

Devemos ter atenção ao fazer um pacto que não estamos certos de poder cumprir, pois, ao ser quebrado, gera energia negativa. É mais profundo do que a interpretação usual, associada à culpa.

"Não roubarás." — Oitavo Mandamento (Êxodo 20:15) — Código 33

Sabemos que não é correto nos apropriarmos daquilo que é do outro. Mas vamos além para que possamos revelar a luz do código bíblico. No mundo do poder, frequentemente as pessoas se envolvem em grandes desvios, e todos sabem o quanto tal ação é abominável, mas a Torah nos alerta também para os perigos dos roubos menores, quase imperceptíveis, algo que não é seu, mas de que você se apropria. Esse tipo de delito é perigoso, porque pode muitas vezes passar despercebido.

Em conjunto, o sexto, o sétimo e o oitavo mandamentos revelam um segredo mantido oculto por milênios apenas entre um número seleto de sábios. Cada um desses três mandamentos possui seis letras no original em hebraico. Aqui nasce a mística do 666. São três portas de entrada para a negatividade:

6º mandamento: "Não matarás" — além do literal, alerta para os perigos da palavra negativa, que atrai energia de mortificação.

7º mandamento: "Não adulterarás" — lembra da necessidade de ter grande cuidado com tudo aquilo que compactuamos.

8º mandamento: "Não roubarás" — o roubo físico, mas também o energético, que ocorre pelas diversas manifestações do desejo egoísta.

Enfim, uma persistente atenção é necessária para fecharmos as portas para a negatividade e nos mantermos no caminho da luz.

"Não darás falso testemunho." — Nono Mandamento (Êxodo 20:16) — Código 34

O nono mandamento carrega a força do número da verdade: nove. Mentiras arrancam nossa força espiritual — esse é um preceito da cabala, do hinduísmo, do judaísmo, do cristianismo, do espiritismo, do budismo, de todos os caminhos espirituais.

Moshe Chaim Luzzatto, nascido na Itália no século XVII, foi um místico raro na história da humanidade. Ele se comunicava com um *maggid*, uma espécie de anjo mestre, e enxergava nitidamente as correções que cada pessoa vinha fazer no mundo pela leitura das mãos e da face. Diversas pessoas testemunharam com detalhes as proezas do mestre. Ele, por sua vez, de natureza humilde, jamais comentava suas habilidades, nem mesmo com os parentes mais próximos.

Esse homem santo escreveu um livro fundamental sobre sua experiência, um texto que fala sobre integridade, ética, refinamento de caráter. Muitos se surpreenderam, porque esperavam que ele fosse escrever sobre a comunicação com os anjos, receitas de cura, os segredos da atração, mas todo o seu foco estava voltado para o tema do encontro do homem com a verdade.

"Não cobiçarás o que é do teu próximo." — Décimo Mandamento (Êxodo 20:17) — Código 35

O mundo moderno propicia acesso às informações, mas também estimula a ganância. A maioria das pessoas não tem condição de ter os melhores carros, as melhores casas, ou milhões de seguidores, e passam a desejar e sofrer por não ter aquilo que somente alguns poucos podem adquirir.

Uma pessoa sonha em crescer profissionalmente, não há nada de errado nisso. O problema aparece quando isso se transforma em negatividade, quando é preciso derrubar alguém por esse sonho ou perde-se o momento presente devido a ele. Até porque, no final, deixamos este mundo da mesma maneira que chegamos nele, com as mãos vazias.

Quando deixamos a comparação e utilizamos a mesma energia para agradecer e desfrutar a vida, uma grande bênção surge: um sopro de paz de espírito. Para que tanta comparação? Que sentido faz nos compararmos com os demais seres do mundo? Melhor colocarmos o foco de nossa atenção nas boas energias, assim nutrimos nossa alma.

A VERDADE

18ª Porção — Mishpatim

A leitura da Torah é como uma longa viagem por diferentes países. A cada momento, uma nova paisagem, e, cada vez mais, os códigos se tornam fundamentais. Agora o texto começa a mudar de forma.

Após receber os dez mandamentos, eles ainda precisam de ensinamentos para realizar a caminhada rumo à terra prometida. Agora, Moisés estabelece uma série de leis complementares.

"Se um homem devasta um campo ou uma vinha, ele paga com o melhor de seu campo, com o melhor de sua vinha." (Êxodo 22:4) — Código 36

O código bíblico ressalta a importância da integridade no caminho da realização. A natureza exerce sobre cada pessoa uma forte atração que a puxa para baixo. Isso se deve à materialidade que caracteriza a essência terrena. Precisamos nos fortalecer contra nossa própria natureza e priorizar as virtudes da alma.

O grande místico Yehuda Ashlag viveu no início do século XX e abriu para o público as antigas travas do Zohar, um dos textos-base da Cabala. Ele quebrou milhares de anos de tradição de manter selada essa informação. Os escritos de Ashlag incluíam tópicos como a relatividade, a viagem espacial, a medicina e uma série de outros assuntos ligados ao bem-estar da humanidade.

Quando Ashlag era jovem, tinha o costume de contar mentiras leves. Mas descobriu que não poderia seguir o caminho de um líder espiritual daquela forma. Ele explicava que as mentiras "leves", por serem pequenas, podem ser piores que as grandes, já que nos levam à ideia de que pequenas coisas não importam. Mas os detalhes fazem grande diferença.

A integridade é o combustível do milagre, ponto de interseção entre grandes mestres. Atingiram o milagre porque focavam persistentemente no desenvolvimento do ser íntegro. O universo apoia o caminho dos justos.

O TEMPLO

19ª Porção — Terumá

O povo de Moisés precisa caminhar rumo à terra prometida. Alguns ensinamentos, essenciais nesta direção, aparecem agora de forma codificada na construção do tabernáculo e da arca da aliança.

O tabernáculo era um santuário portátil, em que os hebreus guardavam e transportavam a arca da aliança e demais objetos sagrados. A arca da aliança era um dos elementos mais simbólicos na trajetória de Moisés e seu povo rumo à terra prometida. A arca guardaria as tábuas dos dez mandamentos, que ainda chegariam, além do cajado usado por Arão e diversos outros utensílios usados no tabernáculo.

A arca da aliança era um baú retangular feito de madeira de cipreste revestido de ouro por dentro e por fora. Ela media cerca de 120 x 90 x 90 cm. A tampa da arca era chamada de "propiciatório" (Êxodo 25:17). Feita de ouro puro, nela ficavam as figuras de dois querubins, figuras angelicais de alta elevação mística.

Mais que a construção de um tabernáculo externo, como uma igreja, sinagoga ou mesquita, o texto fala de um templo que nós construímos interiormente: nossa casa, nossa família, nosso trabalho, nossos amigos e, inclusive, nosso corpo, são importantes santuários para a moradia do sagrado. Aqui se destaca o candelabro de sete braços, chamado Menorá:

"E construirá um candelabro de sete braços de ouro puro." (Êxodo 25:31) — Código 37

A Menorá é um objeto sagrado, utilizado em um ritual específico, no qual sete velas são acesas junto a diversas bênçãos. Cada uma das sete chamas da Menorá se relaciona a uma força energética. Juntas elas apontam o caminho do despertar:

1ª chama — **amor:** o amor surge logo na primeira vela, porque é ele que dá brilho a tudo neste mundo.

2ª chama — **disciplina:** a segunda vela acende a chama da disciplina, virtude que nos impulsiona a desenvolver hábitos que fortaleçam a alma.

3ª chama — **meditação:** a terceira vela lembra que a meditação é parte essencial do caminho, ao cessar o barulho incessante da mente e resgatar um genuíno estado de paz.

4ª chama — **permanência:** a quarta vela é dedicada à permanência, uma grande chave do caminho.

5ª chama — **refinamento:** o combate à estagnação é o tema da quinta vela, associada ao refinamento. Precisamos sempre estar nos aprimorando.

6ª chama — **propósito:** a sexta vela é associada ao propósito, parte essencial no caminho da realização humana.

7ª chama — **escolha:** a sétima vela fala da responsabilidade que temos perante nossas escolhas.

As sete chamas da Menorá, bem como suas sete palavras-chave, são de grande valia na construção de nosso templo interior. E, ainda que nos dias atuais a Menorá seja acesa apenas em uma única fenda no ano, podemos todos os dias reforçar essas sete virtudes que iluminam nosso caminho.

A LUZ QUE NÃO SE APAGA

20ª Porção — Tetsavê

Em meio ao detalhamento do templo, o texto da Torah traz uma reflexão de grande profundidade:

"Ordenarás aos filhos de Israel que tragam azeite puro de oliveira, batido, para o candelabro, para que haja lâmpada acesa continuamente." (Êxodo 27:20) — Código 38

A passagem "lâmpada acesa continuamente" remete a uma luz que nos mantenha inspirados todos os dias de nossa vida. Sabemos que é bem mais fácil iniciar um novo amor a manter a paixão acesa através dos anos. A mesma ideia vale para uma profissão e para um caminho espiritual. A empolgação inicial será testada e colocada à prova pelo tempo. Qual seria o segredo para manter a luz sempre acesa?

A Torah aqui revela um tripé de virtudes. A primeira delas é a gratidão. Uma pessoa descontente dá um comando para a alma de que não tem recebido o suficiente e, por isso, não há motivo para ficar feliz. A alma interpreta esse comando como um processo de mortificação e devolve isso a ela, em geral, na forma de tristeza e depressão.

Já para outra pessoa, que consegue tirar satisfação das coisas mais simples do dia a dia, a alma devolve um estado de plenitude. Ou seja, quanto mais descontente, mais motivo para descontentamento haverá. Quanto mais cultivo à gratidão, mais gratidão chegará.

A segunda virtude é a humildade. O nome de Moisés, autor da Torah, não aparece nesta porção. Em todo o livro de Êxodo, é o único lugar em que não aparece. Sabemos quão grande é o sacrifício que um homem faz ao abrir mão de seu nome e seus desejos pessoais de reconhecimento. A humildade atrai a força miraculosa do divino.

Por último, uma terceira virtude de suma importância: o entusiasmo. Precisamos lembrar de nossa tarefa grandiosa de levar luz ao mundo, principalmente no combate às energias negativas que surgem a todo momento. Devemos nos opor a elas e derrotá-las com o mesmo nível de energia que elas dedicam.

O BEZERRO DE OURO

21ª Porção — Ki Tissá

Assim que revelou os dez mandamentos, Moisés subiu o monte Sinai para receber a essência espiritual da Torah. Ele havia avisado que retornaria em 40 dias e 40 noites. Passado esse tempo, o povo hebreu se desesperou. Não haviam entendido que ainda faltavam algumas poucas horas. Impacientes diante do "atraso" de Moisés, achando que ele não viria mais, acreditando que tivesse morrido, pediram a Aarão que construísse um bezerro de ouro, uma força espiritual para a adoração.

Horas mais tarde, Moisés retornou com as duas tábuas da lei nas mãos. Os dez mandamentos tinham sido transmitidos oralmente, mas as tábuas da lei, além de imortalizá-los, ainda traziam raro poder espiritual em sua confecção.

Não há descrição detalhada delas na Torah, mas os antigos sábios ensinam que eram dois blocos quadrados, grossos, de pedra. Nas medições modernas tinham aproximadamente 54 x 54 x 27 cm que se encaixavam, desta forma, perfeitamente na arca da aliança.

Quando se deparou com o povo em volta da estátua, repreendeu a todos veementemente e quebrou as duas tábuas da lei no chão:

"Moisés queimou o bezerro que fizeram, queimou-o no fogo e moeu, até que se desmanchou em pó e espalhou sobre a superfície das águas e os fez beber das águas amargas." (Êxodo 32:20) — Código 39

Mas, afinal, qual seria o recado oculto nesse marcante episódio do bezerro de ouro?

Um primeiro aspecto é que o povo havia recém se libertado da escravidão. Lutaram, presenciaram milagres imponentes e, ainda assim, perderam a fé na força divina. Milagres também acontecem em nossa vida e costumamos esquecê-los. A maioria de nós já foi agraciada com uma cura improvável, um grande amor, uma revelação espiritual, mas as bênçãos costumam ser esquecidas.

Outra questão relevante é: idolatria é mais que adorar uma estátua. Idolatria é confundir emanador com receptor, e isso acontece de diversas formas. Toda a luz de nossa vida vem de Deus, é importante manter isso em mente.

Há ainda um terceiro aspecto oculto no episódio do bezerro: a impaciência. O bezerro de ouro foi construído quando faltavam apenas três horas para Moisés chegar. A impaciência nos priva de grandes oportunidades. Se nos desesperamos, acabamos tomando atitudes precipitadas.

Enfim, o episódio do bezerro de ouro traz três grandes lições. A primeira fala dos perigos do esquecimento. Há uma força maior que guia a nossa vida e sem ela não temos poder algum neste mundo. A segunda fala sobre os perigos da idolatria. Não há objeto, pessoa ou situação de vida à frente de Deus. A terceira fala da impaciência e lembra que todos os frutos têm um tempo de maturação. Devemos nos dedicar muito no caminho da realização, mas sabendo que as bênçãos do Eterno não estão sob nosso controle. Precisamos entregar e confiar.

Diante do caos provocado pela construção do bezerro de ouro, Moisés quebrou as tábuas da lei e derreteu o bezerro na água, fazendo os hebreus beberem de águas amargas. As águas amargas são como um remédio. Em geral, o remédio é amargo, mas traz cura. Uma alegoria ao arrependimento e a possibilidade de pararmos e refletirmos: "Reconheço que cometi esse erro. De que maneira posso me restituir? Que atitude posso ter para desfazer a negatividade que criei?"

Diante dos erros humanos, não devemos aplicar julgamentos severos, nem ao outro, nem a nós mesmos. Podemos aproveitar a oportunidade de correção para nossa evolução pessoal, lembrando que estamos todos na escola da vida.

A DEDICAÇÃO

22ª e 23ª Porções — Vaiac'hel e Pecudei

A segunda etapa da viagem pela Torah se encerra agora, enfatizando a importância da dedicação no caminho. Por isso, são repetidas exatas 19 vezes uma mesma frase nesta porção da Torah:

"Tudo o que ordenou o Eterno a Moisés." (Êxodo 38:22) — Código 40

A disciplina é o segredo do sucesso, mas o que seria ele sob uma perspectiva espiritual? Sucesso é o que nos aproxima de Deus; fracasso é o que nos afasta dele.

Sob essa perspectiva, compreendemos que uma pessoa humilde e desconhecida pode ter muito mais sucesso que outra, rica e poderosa, por ter uma vida em paz e harmonia com a família, com o trabalho, com o ato de compartilhar.

Uma boa dose de disciplina é necessária e para tal precisamos dizer não aos nossos núcleos sombrios. A disciplina é um grande diamante da realização, podermos permanecer focados em nossos propósitos mesmo quando tudo parece estar dando errado. Fazemos isso pela lembrança de que temos um propósito maior que o simples exercício da sobrevivência.

O livro de Êxodo é o mais miraculoso de todos os cinco livros da Torah. É nele que acontece a abertura do mar, a revelação dos dez mandamentos e tantas outras revelações abençoadas. É interessante que um livro como esse se encerre enfatizando a importância da disciplina e da dedicação ao caminho.

Dessa forma, aprendemos que milagres são abençoados, trazem força para nosso caminhar, mas nada é mais importante que no caminho da terra prometida do que nossa dedicação.

LIVRO 3
Levítico

"As ações físicas são necessárias para produzir mudanças no não físico; este é parte do aspecto oculto da real existência do físico e é a razão para que tenha sido dado um corpo ao humano. Nós fazemos o mundo espiritual mover-se. O mundo físico é como as teclas de um piano — a música não é produzida pela tecla, é produzida nas cordas ocultas dentro do mecanismo por trás da fachada; porém as teclas são necessárias. Sem elas, não há acesso ao mecanismo interno, e, embora as teclas sejam mudas, ao serem tocadas, produzem música."

AKIVA TATZ

A FORMAÇÃO DO SACERDOTE

24ª Porção — Vayicrá

Moisés e seu povo presenciaram grandes milagres, conseguiram a tão sonhada libertação da escravidão, mas ainda assim, para chegar à terra prometida, um longo aprendizado ainda seria necessário.

A terra prometida, muito mais do que um espaço geográfico, é uma dimensão de alma. É preciso uma longa formação sacerdotal para adentrar a dimensão de uma vida desperta.

O sumo sacerdote era Aarão, irmão de Moisés, e cabia a ele o ofício de todos os rituais e celebrações. Aarão se casou com Eliseba e teve quatro filhos. O sacerdócio seria passado a dois de seus filhos, Eleazar e Itamar.

Por meio de Aarão, Deus operou milagres usando seu cajado, mas a Torah afirma que não apenas ele, mas todos nós somos sacerdotes: "uma nação de reis e sacerdotes." (Êxodo 19:6)

Portanto, os ensinamentos deste novo livro de Levítico são não apenas para Aarão e seus descendentes, mas para todos nós, sacerdotes do Eterno.

"Quando fizer oferta de manjares ao Eterno, sua oferta será de flor, de farinha; nela, deitará azeite." (Levítico 2:1) — Código 41

A palavra em hebraico para "oferta" é "korban", cuja raiz gramatical está associada à aproximação. O recado diz: no caminho do despertar interior, precisamos de uma maior aproximação do Eterno, por isso fazemos ofertas.

Flor, farinha e azeite são ingredientes simbólicos que representam três etapas da vida humana. Nossos relacionamentos, projetos, vida profissional, todos passam por três etapas. A flor é relacionada à vitalidade da planta. A farinha você remoi, revive. O azeite nasce da oliveira e exige refinamento, um tempo de maturação.

A primeira etapa, simbolizada pela flor, fala da empolgação, da paixão inicial, que, como sabemos, não perdura para sempre. A segunda etapa, a farinha, está ligada aos longos anos no deserto, onde os obstáculos invariavelmente estarão presentes. A paixão e a inspiração iniciais são duramente testadas nessa fase. O desafio é chegar à terceira etapa, representada pelo azeite, um retorno à inspiração inicial, com mais refinamento e menos dependência do externo.

A saída do Egito simboliza a primeira etapa, repleta de revelações e milagres. Um momento maravilhoso, mas que não duraria para sempre. Logo viriam as provações de um deserto inóspito e sempre desafiador, simbolizando a segunda etapa da vida. O desafio é chegar à terceira etapa, a terra prometida, quando as bênçãos e os milagres deixam de ser eventos isolados e passam a se tornar parte integrante de nossa vida.

"Se a oferta for sacrifício pacífico, se a fizer de gado, seja macho ou fêmea, deve ser oferecida sem defeito diante do Eterno." (Levítico 3:1) — Código 42

O sacrifício pacífico e sem defeitos é inteiramente codificado. Uma oferta pacífica acontece quando priorizamos nosso tempo para orar e vibrar pela paz. Ou quando, diante de uma discussão, mesmo achando ter razão, abrimos mão da última palavra para pacificar um relacionamento.

Mas a Torah ressalta que o sacrifício precisa ser sem defeitos. Ou seja, cada detalhe é de suma importância. Acorde, faça uma oração pela paz, mas faça inteiro, não faça apressado, porque a intenção e o estado de espírito são ainda mais importantes do que as palavras pronunciadas.

A formação sacerdotal da Torah passa por sete temas-chaves, são grandes portais de iniciação. Vamos estudá-los um a um.

SANTIFICAR O SÉTIMO DIA

25ª Porção — Tsav

"Aspergiu sete vezes o óleo sobre o altar, ungindo o altar e todos os seus utensílios para consagrá-los." (Levítico 8:11) — Código 43

O óleo simboliza um processo de constante refinamento, que nos torna mais próximos de um estágio original de plenitude, descrito na Torah como o dia um. Mas não bastava aspergir o óleo; era necessário fazê-lo sete vezes.

O número sete aparece especialmente aqui. Ele é intrínseco à vida humana, vai além da mente racional. A semana é composta de sete dias, os ciclos da lua mudam a cada sete dias, a criação divina também se deu em sete dias simbólicos.

Esta oferta visa à formação do sacerdote por um refinamento constante e uma maior compreensão dos ciclos da vida. Daí a importância de santificar o sétimo dia, um dia para contemplar, refletir e somente depois começar um novo ciclo. A necessidade de renovação espiritual aparece aqui também.

"E não morrereis, porque assim me foi ordenado." (Levítico 8:35) — Código 44

É mais profundo do que a morte final, afinal, todos um dia deixarão este mundo. "Não morrereis" fala especialmente da morte em vida, que acontece por movimentos de falência, tais como pensamentos obsessivos, palavras destrutivas, agressividade e outras formas de desconexão.

Para combater essa energia que nos tira de uma experiência mais gratificante com a vida, a purificação espiritual é uma grande aliada. Alguns hábitos são essenciais à manutenção do corpo físico, da mesma forma acontece com a limpeza do espírito.

Podemos largar o excesso de peso. São tantos compromissos, atividades, pensamentos com a mente sobrecarregada, que perdemos a conexão com a luz maior. Um profundo trabalho de auto-observação é necessário e também um real desejo pela aproximação do sagrado.

Por isso a prática do dia santo é tão luminosa. Em pelo menos um dia na semana, você deixa de ser produtivo, para e contempla, e descobre a preciosidade de uma vida com paz e alegria.

SANTIFICAR O ALIMENTO

26ª Porção — Sheminí

Este é o segundo tema da formação do sacerdote. A terra prometida é a dimensão de uma vida pacífica, desperta, com um alto padrão de energia. E quando falamos em energia, a alimentação é um tema vital. É notável que um texto escrito há 3.500 anos por seres humanos primitivos dê atenção especial a este tema.

"Não comereis dos que ruminam e têm o casco fendido. De sua carne não comereis e seu cadáver não tocareis." (Levítico 11:4) — Código 45

A alimentação ensinada por Moisés ao povo se chama Casher. Os questionamentos a respeito dela são frequentes: teriam sido criadas apenas para proteger a saúde do povo, já que a carne de porco, por exemplo, era perigosa à saúde das pessoas? Mas, se assim realmente fosse, por que foram omitidos tantos outros alimentos também nocivos à saúde?

Os antigos sábios ensinavam, e hoje a ciência comprova, que os alimentos são também energias. Quando frutos do mar e carne de porco foram restringidos, foi pela percepção de que o que comemos é assimilado não apenas pelo corpo físico, mas também pelo energético. Existem alimentos com baixa qualidade de energia e que, consequentemente, contaminam nossa vibração.

Fundamentados nesse ensinamento, os que praticam a alimentação Casher não consomem carne de coelho, lebre, camelo ou porco. Não porque sejam animais proibidos para a saúde física, mas porque não são indicados para a assimilação energética e para uma aproximação maior com o sagrado.

"Tomai a oferta de manjar e comei-a junto ao altar, porquanto coisa santíssima é." (Levítico 10:12) — Código 46

"Coisa santíssima" é o alimento abençoado. Quando recebemos amorosamente uma visita em casa, ela se sente integrada e retribui o carinho recebido. Da mesma forma, ao abençoar e agradecer o alimento que ingerimos, entramos em um estado de paz com o alimento e com todo o nosso organismo.

A bênção ilumina não apenas o alimento, mas também a nós, integrando o aspecto físico com o sagrado. Ao abençoar e agradecer, até o sabor do alimento se modifica.

As restrições alimentares da Torah nos ajudam a sublimar o puro instinto e abrir o campo energético.

A VISÃO SEM CASCAS

27ª e 28ª Porções — Tazria e Metsorá

"O homem que tiver na sua pele inchação, ou pústula... e isto se tornar como praga de lepra, será levado a Arão, o sacerdote." (Levítico 13:2) — Código 47

Uma doença de pele se alastra. A lepra, como era chamada, era considerada uma maldição, um castigo divino. O estigma, a discriminação com a doença e com quem sofre a ação em seu corpo, foram construídos pela associação do termo "lepra" às deformidades causadas às pessoas.

No entanto, os sábios afirmam que a doença de pele aqui descrita é um código espiritual. Entre esses sábios se encontra Maimônides, ilustre médico e cabalista que viveu no século XI, que ensinava que "Tazria", o nome hebraico desta doença citada na Torah, não é lepra, mas sim uma patologia ligada à desconexão: uma doença das cascas.

Ela acontece quando esquecemos que o conteúdo é mais importante que a forma. Um jarro pode ser muito bonito, mas o que realmente importa é o seu conteúdo. Assim também é com a vida. Vivemos em um mundo repleto de cascas, em que as pessoas importantes são reverenciadas, mas poder, fortuna e fama são apenas cascas e se desfazem a qualquer momento.

O mesmo se aplica às situações da vida. As pessoas se perguntam: "por que estou passando por isso? não é justo". Isso também é casca, porque, se enxergamos mais profundamente, descobrimos nossa participação na construção da realidade. Este é o terceiro tema da formação do sacerdote: a visão sem cascas.

> "Então, o sacerdote sairá da casa e a cerrará por sete dias. Ao sétimo dia, voltará o sacerdote e examinará." (Levítico 14:38) — Código 48

A Torah pede para isolar o doente porque a doença das cascas é contagiosa. Quando uma pessoa está tomada de cascas — por exemplo, a maledicência — ela enxerga o mundo de maneira equivocada e, em geral, não suporta sozinha a negatividade, precisa levar essa energia ao outro. Um momento silencioso pode ser muito curativo.

O isolamento ajuda na compreensão de que existem dois tipos de luz: a luz de Deus, que ilumina o universo e todas as suas criaturas, e a luz que brilha diante das cascas do perecível, do sucesso, da fama, do patrimônio financeiro, da beleza física. Atraídos pelo brilho, acreditamos que aquele objeto tem luz, mas, quando chegamos perto, descobrimos que a luz é só refletida, não perdura, se desfaz a qualquer momento.

Para isso, é trazido um remédio: o doente fica sete dias isolado. Um isolamento pode ser necessário para uma pessoa tomada pela doença das cascas, ele ajuda a recuperar um olhar mais profundo.

SANTIFICAR EM VIDA

29ª e 30ª Porções — Acharei e Kedoshim

"Santificados, após a morte." (Levítico 16:1 e 19:2) — Código 49

Este código bíblico é derivado da junção dos nomes de duas porções da Torah: "Acharei Mot" e "Kedoshim", que podem ser traduzidas como "santificados após a morte". Ele ensina que costumamos santificar as pessoas somente após a morte. Este é o quarto tema da formação sacerdotal.

Poucas pessoas foram reconhecidas em seu próprio tempo; quase todos os mestres espirituais só vieram a ser estimados séculos depois de seu falecimento. Mas, se podemos santificar em vida, por que esperar séculos?

Além disso, não apenas os mestres e santos: precisamos santificar também as pessoas que amamos. Em geral, nos esquecemos disso, e somente depois que as perdemos passamos a lhes dar todo o valor. Precisamos valorizar aqueles que amamos no agora, o tempo da vida.

O tempo é uma variável de grande importância no estudo da Torah. É com o foco no tempo que surge um novo código bíblico.

"No 10º dia, da 7ª lunação, violentarei vossos seres." (Levítico 16:29) — Código 50

A astrologia lunar, base do calendário da Torah, se inicia na lua nova de Áries. No sétimo mês, signo de Libra, acontece a sétima lunação. No décimo dia desta lunação, a Torah nos orienta a "violentar nossos seres".

É imperativo conhecer o código. Em um mundo com tantas dificuldades, ainda precisamos nos violentar? Aqui é mencionada a fenda de Yom Kipur, o dia do perdão, no qual há privação de comida, bebida, sexo, calçados de couro, dentre diversas outras restrições. Mas por que tudo isso?

Porque a dificuldade em perdoar vem do ego, que não nos permite atingir as dimensões elevadas da árvore da vida. O ego se alimenta sempre com "mais": mais comida, mais bebida, mais prazeres. No entanto, se você retira o alimento do ego, ele se dissolve.

O objetivo, portanto, não é uma autopenitência, mas uma grande purificação, 24 horas em conexão espiritual. As horas passam, o ego se esvazia, até que você descobre um perdão natural, genuíno, sem qualquer esforço, fruto da elevação da alma e do despertar da consciência.

"Não odiarás teu irmão em teu coração." (Levítico 19:17) — Código 51

São 348 os preceitos negativos na Torah. Não matar, não roubar, não adivinhar e, neste novo código, "não odiará teu irmão". Não se trata apenas de evitar os sentimentos negativos com seu irmão biológico, mas também seus amigos, familiares e mesmo com aqueles que você não conhece, mas que caminham ao seu lado na jornada da vida.

Podemos eliminar tais sentimentos pela lembrança de que todos os seres humanos têm seus movimentos de falência. Abrahão, Isaac, Jacob, Moisés, Aarão, todos cometeram erros. Errar é humano.

"Durante três anos será como prepúcio para vós, ele não será comido... No quinto ano comerei seu fruto." (Levítico 19:23) — Código 52

Assim como os sete dias da criação falam de sete etapas, os cinco anos de espera para o fruto também falam de cinco etapas. São como estações de luz, no caminho de um despertar mais profundo.

A primeira estação é a da escolha: assumir a responsabilidade e nunca esquecer da importância de nossas escolhas na construção de nosso destino.

A segunda estação é a do propósito: ele traz sustentação para vencermos os obstáculos da vida.

A terceira estação é a do refinamento: mesmo que façamos a mesma coisa por dezenas de anos, precisamos sempre estar nos aprimorando.

A quarta estação é a da permanência: sejam quais forem as dificuldades no caminhar, você permanece e confia.

Na quinta estação você encontra o ser meditativo, o seu centro. "No quinto ano, comerei seu fruto" é uma alegoria que ensina que, no caminho espiritual, você somente consegue saborear os frutos quando encontra seu centro.

"Não adivinhareis, não pressageareis." (Levítico 19:31) — Código 53

Finalmente, Moisés alerta para os perigos de adivinhação ou presságio, que nada possuem em comum com o verdadeiro dom profético. Um especial cuidado é recomendado quando decidimos consultar um oráculo. É preciso saber se o oráculo é realmente um mestre, se ele dedica sua vida à espiritualidade e às virtudes da alma, como generosidade e compaixão. Outra questão de suma importância é: de onde vem a profecia?

Moisés foi um grande profeta, puro e humilde. Ele ensinava que o dom profético deve ser exercido somente por aqueles que têm total comprometimento com o caminho.

Na formação do sacerdote, aprendemos que mais importantes que os poderes mágicos, é o nosso exemplo de vida, nossas boas ações, a santificação daqueles que amamos.

A CONTRAÇÃO

31ª Porção — Emór

Este é o quinto tema da formação sacerdotal, a compreensão do fluxo da vida e seus momentos de expansão e contração.

"Os encontros fixos do Eterno, que proclamareis, serão santas convocações; são estas as minhas festas." (Levítico 23:2) — Código 54

A palavra hebraica para "festa" é a mesma para "fenda". Fendas são portas de entrada para dimensões superiores, estabelecem um padrão de restrição, que gera luz. Fendas espirituais são valiosas para aprendermos a santificar o tempo, o senhor da vida.

"Seis dias trabalhareis, mas o sétimo será o sábado do descanso solene, santa convocação; nenhuma obra fareis; é sábado do Eterno." (Levítico 23:3) — Código 55

Aqui se enfatiza novamente a importância do sétimo dia. Duas variáveis são de suma importância: espaço e tempo. O espaço, porque precisamos de moradia, trabalho, saúde, educação, além de cumprir nossos compromissos. Precisamos trabalhar para sobreviver e realizar sonhos. Temos seis dias para isso, mas no sétimo a Torah nos pede dedicação integral a uma outra variável ainda mais essencial que o espaço: o tempo.

Momentos bem vividos são o elixir da existência, o propósito mais elevado da vida, muito mais que a pura informação. A alma absorve muito mais a força espiritual do momento, do que o lugar geográfico no qual ele se passou. Diferentemente do espaço, o tempo não envolve qualquer "ter". Não podemos ocupar o mesmo espaço, mas podemos viver e compartilhar o mesmo tempo.

Santificar o sétimo dia significa parar para orar, meditar, elevar a vibração e lembrar de quão valioso é cada momento da existência. Um poderoso exercício de contração, para que possamos recomeçar com o foco na luz que nos guia.

"E contarei para vós o ômer da movimentação, sete semanas completas serão. Até o dia seguinte contarão cinquenta dias." (Levítico 23:15) — Código 56

Cinquenta dias se sucedem desde a saída do Egito até o recebimento dos dez mandamentos. São sete semanas, mais um dia de contração, período denominado contagem do ômer. Todos os anos se repete o período de 50 dias de exercícios e práticas diárias, que tem como objetivo central a libertação.

Inicia-se com um ritual à mesa, chamado Pessach, no qual cada alimento é abençoado. Em seguida, são contadas sete semanas de preparo para a libertação do ser divino que nos habita. O objetivo é purificar e transformar, parte integrante da formação do sacerdote bíblico.

"Aos quinze dias deste mês sétimo, será a Festa dos Tabernáculos ao Eterno, por sete dias." (Levítico 23:34) — Código 57

A data aqui citada é a lua cheia de Libra. Ela nos lembra do quanto necessitamos da natureza, ela reflete nossa fragilidade no mundo e ajuda na lembrança de nossa transitoriedade, já que nada físico não perdura para sempre.

Mergulhados em um mundo de problemas, acabamos por esquecer daquilo que as rochas, as plantas e os animais já sabem: é importante estar presente, aqui e agora. Focalizar a atenção em uma pedra, em uma árvore ou em um animal não significa "pensar neles", mas simplesmente percebê-los, dar-se conta deles. Quando presentes, podemos encontrar um lugar de repouso dentro de nós mesmos.

Os aprendizados aqui são diversos, mas todos envolvem a percepção do tempo e a compreensão de que existem momentos de contração e momentos de expansão. É o ciclo contínuo da vida.

A CONSCIÊNCIA DESPERTA

32ª Porção — Behar

"E falou o Eterno a Moisés no monte Sinai." (Levítico 25:1) — Código 58

O monte é uma alegoria para os níveis mais elevados de consciência, o mesmo monte que Moisés subiu para receber as tábuas da lei. Não há nada físico nele, o monte é a dimensão da consciência desperta. São três níveis de percepção.

O primeiro nível é o rasteiro. Nele, a percepção da realidade é insuficiente, muito limitada. "Minha vida não tem um propósito", "sou pouco reconhecido no que faço", "não tenho sucesso em meus relacionamentos". Todos esses impasses são visões fragmentadas da realidade, de quem enxerga apenas pela visão limitada do mundo físico.

O segundo nível de consciência é o emocional. Em meio à subida do monte, podemos observar a vida não apenas pelos seus aspectos físicos, mas com uma visão ampliada, removendo as cascas da visão. Nesse nível, descobrimos que enxergamos o mundo e as pessoas não como elas são, mas como nós somos.

O terceiro nível é o da consciência desperta: o alto do monte. Foi onde Moisés recebeu a Torah. Do alto é possível olhar para uma nova paisagem. Este é o sexto tema da formação sacerdotal: o despertar da consciência, que amplia muito nossa visão da vida.

"E contarás para ti sete semanas de anos, sete vezes sete anos, 49 anos e santificareis o ano 50." (Levítico 25:8) — Código 59

O quinquagésimo ano aqui relatado é como o monte do tempo. Em vez de chegar no alto de uma montanha geográfica, atingimos um auge de maturidade na vida. Após 49 anos, a Torah sugere um ano inteiro para a santificação da vida.

A cada semana, uma pausa. A cada 49 anos, também uma pausa. O objetivo é o resgate de nossa essência, dando espaço para um momento de auto-observação e reflexão.

Mas há grande simbolismo nisso, além de nossa idade física. O número 50 é representado pela letra Nun, associada à humildade. A Torah nos orienta a fazermos exílios, mesmo que interiores, para fortalecer nossa humildade, e a percebermos as ilusões do mundo.

O PODER DA ESCOLHA

33ª Porção — Bechucotai

Deus se expressa neste mundo sob várias camadas. Por isso, no texto original da Torah, é referenciado por diversos nomes: Elohim, El, Adonai, Tetragrama, entre outros. O divino pode ser conhecido por suas múltiplas instâncias.

A primeira ocorre pelo sistema de causa e efeito. Tudo o que você planta, colhe. Jogue um objeto para o alto e ele retornará a você. Deus se encontra também em nossas escolhas. Se você deseja uma vida abençoada e repleta de luz, precisa fazer escolhas nessa direção.

Diante desse sistema de causa e efeito, que causas luminosas você pode produzir? Como se dão suas escolhas desde que você acorda? Você acorda preocupado, sai correndo para os seus afazeres, ou permite um tempo de contração, de uma pequena oração e meditação? Quando você pode ajudar ao próximo, se prontifica rapidamente ou demora?

"Se nos meus estatutos andares e meus preceitos guardares, darei a vós chuvas ao seu tempo, a terra e a árvore do campo darão seus frutos." (Levítico 26:3) — Código 60

O terceiro livro da Torah se encerra com este ensinamento, que diz: se andarmos no caminho da luz, receberemos luz, mas, se escolhermos andar pelo caminho da sombra, receberemos sombra. Parece óbvio, mas em geral não é tão simples compreender isso plenamente. A cada momento, fazemos uma escolha. Neste momento, agora, podemos escolher estar presentes e em harmonia com o fluxo da vida.

Este é o sétimo e último tema da formação sacerdotal, a compreensão do quanto nossas escolhas são determinantes para a construção de nosso destino. Completada a formação do sacerdote que nos habita, estamos prontos para retomar a caminhada rumo à terra prometida.

LIVRO 4

Números

"Baal Schem Tov foi um grande mestre espiritual que viveu no século XVIII. Com a notícia de seus feitos milagrosos, milhares de pessoas afluíam até onde ele se encontrava, mesmo que apenas para vê-lo e pedir uma bênção. Baal baseava seus ensinamentos em quatro temas fundamentais: todos — letrados como ignorantes — são iguais perante Deus; a pureza do coração é superior ao estudo; a devoção das orações deve ser estimulada. Elas devem caracterizar-se pelo êxtase e pela alegria, que têm o poder de aproximar de Deus o coração do homem; o princípio básico da conduta diária é o amor à humanidade."

O MESTRE DO BOM NOME

NO DESERTO

34ª Porção — Bamidbar

Trinta e nove anos se passaram. O povo já não era mais o mesmo que deixou o Egito e muitos se esqueceram do propósito maior daquela caminhada. Um grande chamado era necessário para trilhar o caminho final rumo à terra prometida, por isso Deus pede a Moisés para contar a congregação:

"Todos os contados eram seiscentos e três mil, quinhentos e cinquenta." (Números 1:46) — Código 61

Ficaram todos parados durante um longo tempo, recebendo informações espirituais, mas muito em breve voltariam a caminhar, por isso a necessidade do reforço do pacto e da sensação de pertencimento. Junto ao censo, cada um podia lembrar de sua importância nesta caminhada.

O número encontrado, 603.550, traz um código bíblico. Em todos os momentos desta longa caminhada, sempre que realizado um censo, a contagem era ligeiramente superior a 600 mil, um múltiplo de 60 e, sempre que aparece na Torah, indica a força do pacto. O momento pede um reforço do propósito.

"De cada uma das 12 tribos vos assistirá um homem que seja cabeça da casa de seus pais." (Números 1:4) — Código 62

Quando Jacob fez sua passagem deste mundo, apresentou um testamento, dividido entre os 12 filhos, profetizando a caminhada rumo à terra prometida. Seria necessária uma divisão inteligente. As 12 tribos representam as 12 constelações e, por conseguinte, os 12 canais pelos quais recebemos e compartilhamos diferentes formas da luz divina. Desde Áries, o impulso, até Peixes, a transcendência.

A terra prometida também seria dividida em 12 regiões, uma para cada tribo. Porque ela é uma dimensão de alma, que aponta nossa mais profunda realização possível: uma consciência desperta. Mas não existe realização segmentada.

Se uma pessoa é muito bem-sucedida profissionalmente, mas sua vida afetiva e familiar é um caos, ela está muito longe de ser uma pessoa realizada. Se uma outra pessoa está muito feliz em seu casamento, vive rodeada de amigos, mas está sempre envolvida com dívidas e dificuldades em sua sobrevivência, esta também não consegue se realizar.

A verdadeira realização exige, acima de tudo, equilíbrio. É isso que representam essas 12 facetas, representadas pelas 12 tribos.

LEVANTA

35ª Porção — Nassó

Nesse momento, muitos se esqueceram dos sinais e milagres, como a abertura do mar, os dez mandamentos, alguns são mais fortes, outros mais fracos. Como obter força para seguir em frente quando o cansaço toma conta?

O nome desta porção é "Nassó", em hebraico, e significa "levanta". Não importa se estamos cansados ou se o momento é difícil. Precisamos nos manter de pé. Seja nos tempos mais fáceis, seja nos mais difíceis, caminhar é preciso. Por isso, eles fazem agora uma oferta.

"E oferecerá um cesto de pães ázimos, bolos de flor de farinha com azeite." (Números 6:15) — Código 63

Para fazer uma oferta, é preciso um movimento, sair da zona de conforto. Não há como oferecer nada na estagnação. Você vai precisar do recipiente, dos ingredientes, de um horário de preparo, de uma conexão com orações e de todo um foco voltado para essa direção. Por isso, eles fazem a oferta e, em seguida, Moisés abençoa o povo:

"O Eterno te abençoe e te guarde; o Eterno faça resplandecer o rosto sobre ti e tenha misericórdia de ti; o Eterno sobre ti levante o rosto e te dê a paz." (Números 6:24) — Código 64

Deixaram o Egito desesperados pela libertação da escravidão. Muitas foram as revelações, mas o tempo passou e elas se tornaram menos frequentes. Como acontece na vida de todos nós, em alguns momentos, os milagres são mais abundantes, em outros, secam. Uma bênção agora traria força espiritual.

Tudo parecia pronto para a caminhada final rumo à terra prometida.

O AGRADECIMENTO

36ª Porção — Behaalotechá

O povo argumenta que está fraco para caminhar e reclama pela falta de carne. Tinham o que precisavam para viver, mas ainda assim foram se queixar com Moisés. Pressionado, ele recorre ao Eterno. Logo depois, todos recebem uma lição:

"Não comereis um dia, nem dois dias, nem vinte dias, porém um mês, até que vos enfastieis dela e a rejeiteis." (Números 11:19) — Código 65

O Eterno enviou carne em quantidade tão abundante que todos enjoaram. O desejo inicial era sair do Egito, depois sobreviver, e então cai comida do céu. Nada disso bastou, agora veio o desejo pela carne e, quando ela chega, se enfastiam.

O episódio é uma alegoria. Eles estavam livres do chicote do Egito, mas ainda carregavam o espírito da escravidão. É uma história também atual, o sentimento de não ter recebido o suficiente, de precisar sempre de mais, e o resultado é sempre o mesmo: o lamento por não ter recebido o suficiente, ou por não saber o que fazer com o excesso. A mensagem aqui é simples: quanto mais você reclama, mais motivos tem para reclamar.

Da mesma forma funciona com o agradecimento. Ele é uma ferramenta de luz, porque assim como temos um desejo maior de presentear aqueles que são agradecidos conosco, Deus também presenteia com bênçãos aqueles que se aproximam dele com gratidão.

Entretanto, o povo não aprendeu a lição. Depois de tantos anos no deserto, a maioria está pessimista. Miriam, a irmã de Moisés, cria atrito com o irmão e, após fazer maledicência dele, é tomada por uma doença. Em busca de cura, ela procura se reconciliar com o irmão. Moisés, sempre humilde, aceita as desculpas, e com um único mantra cura a irmã:

"Chamou, pois, Moisés ao Eterno, dizendo: Ó Deus, rogo a ti que a cures. El na refa na la." (Números 12:13) — Código 66

"El na refa na la" é um mantra de rara força espiritual. A tradução seria: "Oh, Deus, rogo-te que a cure", mas é mais profundo. No original em hebraico, pode ser lido igualmente da direita para esquerda e da esquerda para direita. Há grande força na pronúncia dessas palavras.

A cura milagrosa de Miriam acontece logo após o código bíblico do agradecimento, ensinando que não são todos que podem pronunciar mantras e obter resultados. Fórmulas mágicas de cura somente são efetivas quando pronunciadas em estado de genuína gratidão, por seres que se tornam instrumentos de cura ao desenvolver virtudes como integridade, generosidade e compaixão.

O agradecimento é a última lição antes da chegada na terra prometida. Ela está próxima, como nunca.

ALÉM DA LÓGICA

37ª Porção — Shelach

Após 39 anos de caminhada, finalmente Moisés e seu povo chegam à beira da terra prometida. Ele afirma que é ali o local de destino, no entanto, humildemente, prefere enviar 12 representantes cabeças de suas tribos para averiguar.

Quando retornam, para surpresa geral, 10 dos 12 representantes afirmam que aquela não era a terra prometida, apenas Josué e Calebe reconhecem o destino almejado. Uma grande crise se instaura. O momento é crítico, porque eles escutaram a voz da maioria e não acreditaram em seu mestre.

"E disse o Eterno a Moisés: até quando me provocará este povo? Até quando não crerá em mim, apesar de todos os sinais que fiz no meio dele?" (Números 14:11) — Código 67

Se voltaram contra Moisés e, por isso, foram condenados a vagar novamente pelo deserto. Teria sido assim tão grande o pecado deste povo? Se o próprio Moisés selecionou 12 homens de sua confiança e 10 deles afirmaram ser impossível entrar naquela terra, não era lógico acreditar nisso?

Lógico, sim, mas a história desse grupo jamais foi regida pela lógica. Afinal, quantas bênçãos e provas da dimensão do milagre eles já haviam recebido? A Torah fala sobre algo atual, não apenas aquele povo, naquela época, mas também hoje, quando nos desconectamos do sagrado e esquecemos das bênçãos da vida. Além do pensamento lógico e das estatísticas, é preciso escutar a voz de Deus, que habita no espaço mais profundo de nosso ser.

Os 10 representantes de Moisés disseram que aquela não era a terra prometida, porque ali habitavam gigantes. Que gigantes seriam estes?

"Também vimos ali gigantes e éramos, aos nossos próprios olhos, como gafanhotos." (Números 13:33) — Código 68

A terra prometida é uma alegoria para uma dimensão de vida com muito mais despertar e alegria. Os gigantes são também simbólicos, mesmo porque jamais habitaram gigantes naquela região. A alegoria se refere aos grandes mestres espirituais.

Também podemos nos tornar despertos como os mestres. Até quando vamos nos enxergar como gafanhotos e olhar para os mestres espirituais como gigantes? Os grandes mestres não nasceram iluminados; todos cometeram erros, mas, por dedicarem toda uma vida na direção de um propósito mais elevado, acordaram do pesadelo coletivo e se iluminaram.

Entretanto, 10 dos 12 eleitos por Moisés se sentiam minúsculos e, por isso, perderam uma grande oportunidade.

A VIBRAÇÃO DOS ANJOS

38ª Porção — Côrach

Uma grande frustração tomou conta daquele povo. Chegaram à beira da terra prometida, não entraram e foram condenados a vagar muitos anos no deserto. É nesse clima que surge um novo líder, discípulo de Moisés: Côrach. Um príncipe bem-preparado, mas que não aceita a frustração e se rebela contra o mestre.

Junto a mais 250 pessoas, Côrach faz maledicência contra Moisés, levando a todos um sentimento de dúvida e questionamento quanto à autenticidade da liderança de Moisés. Mas por que apenas 250 entre mais de 600 mil pessoas provocariam tamanha crise?

Porque a palavra negativa se espalha rapidamente, é perigosa como uma arma. Por isso, mesmo sendo em uma pequena fração, a dúvida e a negatividade logo se alastram.

"E a terra abriu a sua boca, e os tragou com as suas casas, como também a todos os homens que pertenciam a Côrach, e a todos os seus bens." (Números 16:32) — Código 69

Moisés sabia que aqueles homens estavam atraindo grande negatividade e, mesmo com sua dignidade ferida, humildemente tentou estabelecer uma reconciliação. Mas isto não era mais possível. É impossível dialogar com aqueles tomados pelo egoísmo. E, então, o chão se abriu bem debaixo dos pés deles.

A terra abriu sua imensa mandíbula e os tragou vivos; a ele e todos os seus seguidores, juntamente com tudo o que possuíam; em seguida, a terra fechou-se sobre eles, e pereceram, desaparecendo do meio da grande assembleia.

O deserto não abriu literalmente, este é um código que fala de anjos caídos, vibrações energéticas densas. Assim como existem os anjos de luz, canais que nos conectam com Deus, existem também as vibrações sombrias que nos fixam a dimensões inferiores.

As forças angelicais estão potencialmente dentro de cada um de nós, e, de acordo com o nosso comando, podem ser despertadas ou adormecidas. Ou seja, somos nós que podemos atrair e somos nós que podemos afastar tais energias.

Côrach podia ter meditado mais profundamente e aguentado a frustração, assim, iria compreender que Moisés era seu mestre amado, que deu a vida por todos, mas se voltou contra ele, abrindo a porta da traição. Nesse momento, desceu de dimensão e perdeu a conexão com a luz.

"Fala aos filhos de Israel e toma deles uma vara para cada casa paterna de todos os seus príncipes. Porém o nome de Aarão escreverás sobre a vara de Levi." (Números 17:2) — Código 70

Em meio a tantas crises, uma prova era necessária. Para confirmar a sua autoridade e liderança, Moisés coloca bastões em uma terra infértil, um bastão para cada príncipe e um bastão para Aarão. Somente então pronuncia em alto som, em nome do Eterno: "Onde germinar o bastão, é ali que está a luz de Deus." E faz a prova diante de todos. Os bastões dos príncipes não apresentam qualquer sinal de mudança, mas o bastão de Aarão floresce.

Ali estava a confirmação divina. Moisés provou sua autenticidade como líder e mensageiro do Eterno. Prova semelhante aconteceria 500 anos depois com o profeta Elias, que diante dos profetas de Baal também mostrou de onde vinha a sua força.

O bastão é um objeto enigmático, estava nas mãos de Moisés quando ele recebeu sua missão e foi ao faraó pedir a libertação de seu

LIVRO 4: NÚMEROS

povo. Ele simboliza as provações que surgirão no caminho na forma de testes.

O desafio é manter o cajado de pé e seguir em frente no caminho.

BONS SENTIMENTOS

39ª Porção — Chucát

Moisés precisava modificar aquela energia de frustração, transformar a sombra em luz, e por isso pede:

"Fala aos filhos de Israel para que tomem em teu nome uma vaca vermelha... A vaca será queimada perante seus olhos." (Números 19:2) — Código 71

O sacrifício da vaca vermelha é um código que pode ser compreendido por meio do estudo milenar da árvore da vida. Ele revela que, além da dimensão física em que nos encontramos, existem outras nove dimensões que influenciam diretamente nossa realidade.

Cada uma das dez dimensões da árvore da vida tem uma cor associada. A dimensão relacionada à cor vermelha é a dimensão da disciplina. Este é o mistério da vaca vermelha; ela fala da importância da disciplina no caminho da terra prometida.

O estudo da espiritualidade não visa apenas trazer revelações místicas e milagres, mas busca desenvolver virtudes, entre elas, a disciplina. Em nossa caminhada, muitas vezes diante de pequenas batalhas perdidas, é normal que uma dose de cansaço tome conta e que percamos a confiança. Por isso, a Torah reforça a necessidade de cultivarmos a determinação e a disciplina.

Ainda assim, nem sempre conseguimos nos disciplinar no caminho da luz, e é por isso que a Torah nos traz aqui novamente a serpente.

"E o povo falou contra Deus e contra Moisés. Então, o Eterno mandou serpentes abrasadoras, que mordiam o povo." (Números 21:6) — Código 72

A serpente é enigmática na Torah e surge logo no início do livro de Gênesis, quando homem e mulher viviam no Paraíso. O Eterno lhes disse que poderiam comer de tudo, exceto da árvore da penetração do bem e do mal. Viviam tranquilos, em paz, até que a serpente assedia a mulher: "Por que Deus pode tudo e vocês não? Vocês também têm direito de comer da árvore do bem e do mal, sereis como Deus."

A dúvida é instaurada e, ao perder a certeza na luz que lhes guiava, Adão e Eva caem de dimensão.

Tudo nesse episódio é simbólico. A serpente é o oponente interno que vive dentro de cada um de nós e nos incita a esquecer do caminho da retidão. O tema central é a responsabilidade, já que Adão e Eva não assumiram suas escolhas e colocaram a culpa na serpente.

As serpentes abrasadoras que mordiam o povo, mas não Moisés e Aarão, representam exatamente essa negatividade latente em cada ser humano. Podemos vencê-la nos tornando conscientes, despertos e assumindo a responsabilidade por nossas decisões.

UMA GRANDE BÊNÇÃO

40ª Porção — Balac

As provações parecem intermináveis e novamente o povo reclama com Moisés: "Por que trouxeste nossa congregação para o deserto? Para morrermos de sede nós e nossos animais?" Moisés recorre ao Eterno, que o orienta a falar à rocha para receberem água:

"Disse o Eterno a Moisés: 'Toma o bordão e falai à rocha, e dará a sua água...' Moisés levantou a mão e feriu a rocha duas vezes com o seu bordão." (Números 20:11) — Código 73

Moisés devia falar com a rocha, como orientou o Eterno, mas ele bate duas vezes nela. Ele estava muito pressionado, agiu de maneira reativa e perdeu seu equilíbrio interior. Por isso, não entraria na terra prometida.

Seria justo um homem humilde, que dedicou sua vida ao compartilhar, deixando o luxo do palácio real para seguir em uma missão árdua, mesmo depois de tantas demonstrações de liderança e conexão com Deus, não entrar na terra prometida devido a um único momento de reatividade? A Torah nos trará essa resposta até o fim desta jornada.

"Então Deus abriu os olhos a Bilam, e ele viu o anjo, que estava no caminho e a sua espada desembainhada na mão; inclinou a cabeça, e prostrou-se." (Números 22:31) — Código 74

Imediatamente após o erro de Moisés, Balac, rei dos Moabitas, chamou um mago para amaldiçoá-lo. O mago, de nome Bilam, seguiu montado em sua jumentinha, porém, quando estava a caminho, a jumentinha teve a visão de um anjo a sua frente, impedindo-a de prosseguir.

O mago começa a bater nela e ela pergunta: "Por que está me batendo tanto? Eu não sou a sua jumentinha?" Ele olha novamente, enxerga o anjo e compreende o que se passa. Em vez de amaldiçoar, ele abençoa o povo de Moisés.

O episódio, em forma de parábola, é único em toda a Torah e ensina que mesmo um mago dominado por sentimentos negativos pode se converter a um caminho de luz. Todos podem trocar a sombra pela luz e uma revelação divina pode ser um portal para uma grande transformação.

Aprendemos também sobre a força da pureza. Quem primeiro viu o anjo do Eterno não foi o mago, mesmo sendo ele tão estudado, preparado, repleto de experiências espirituais. Quem enxergou o anjo foi a jumentinha, que não era tão inteligente assim, mas era pura e amorosa, por isso tinha a visão espiritual.

Depois de tantos conflitos, novamente ele se depara com um momento dramático. Primeiro os anjos caídos, depois uma reclamação sem fim, seguidos de serpentes abrasadoras, e, agora, um grande pecado de luxúria.

"E viu Pinchás, filho de Elazar, o filho de Aarão, e levantou-se e tomou uma lança em sua mão e atravessou a ambos." (Números 25:7) — Código 75

Diversas midianitas seduziram soldados do povo de Moisés e logo se iniciaram uma série de atos libidinosos em público. Junto a elas, uma imensa mortandade começou a se alastrar.

Pinchás era neto de Aarão, irmão de Moisés. Tinha uma força espiritual que advinha de uma respeitosa linhagem de mestres e talvez, por isso, estivesse pronto para uma decisão drástica guiada pelo Eterno. Ele tomou uma lança e atravessou um casal que proporcionava uma cena pública deplorável. Neste momento, a mortandade se encerrou.

Há um grande símbolo na lança: a possibilidade de interrompermos a negatividade que drena continuamente. Núcleos sombrios, vícios e comportamentos destrutivos precisam de um "pare". Podemos usar a lança para dizer: "Chega, tenho vivido toda uma vida fora do presente, guiado por ilusões sempre acompanhadas de medo e ansiedade. A partir de agora, vou viver desperto."

Com esta consciência, chegamos à grande porção de cura da Torah.

A CURA

41ª Porção — Pinchás

Esta é a mais sagrada porção de cura da Torah. Mas, para chegar à cura, primeiro precisamos compreender o que é a doença. É processo de desconexão resultante do bloqueio da luz em nosso corpo físico, emocional e mental. Como desbloquear a luz e fazer uma limpeza energética dos canais?

"E chegaram as filhas de Zelofead... São os nomes delas: Maalá, Noá, Hoglá, Milcá e Tirtsá." (Números 27:1) — Código 76

Zelofead é um hebreu que aparece agora na Torah, no momento de seu falecimento e da reivindicação de suas cinco filhas por suas porções de herança na terra prometida. Ao ler o texto original, em hebraico, descobrimos que as cinco filhas todas têm seus nomes iniciados pela letra hebraica Hei. O valor numérico desta letra é cinco, assim como cinco são as filhas herdeiras. Um código que ensina sobre cinco níveis de cura.

Os cinco níveis são o físico, o emocional, o da consciência — quando surge o despertar, um fenômeno raro em nosso mundo —, o coletivo — quando percebemos que a cura deve ser direcionada para todos os seres do mundo —, e o da unidade, em que é possível sentir a união de todos os seres, em todos os tempos e espaços, criaturas do Deus único, que criou os céus e a terra.

No caminho da cura, a Torah nos lembra da importância de uma virtude preciosa:

"Disse o Eterno a Moisés: Toma Josué, filho de Nun, homem em que há o Espírito, e impõe-lhe as mãos." (Números 27:18) — Código 77

O Eterno instrui Moisés a preparar seu sucessor. Ele fará isso por meio de uma unção com imposição de mãos, quando o mestre coloca as mãos sobre a cabeça do discípulo e pronuncia palavras de grande valor espiritual. Josué estava longe de ser o mais preparado intelectualmente, não era chefe de nenhuma das tribos, também não tinha ligação genética com Moisés, mas foi escolhido devido a sua pureza e entrega.

A importância da pureza de alma foi ressaltada algumas porções atrás, quando um mago que iria amaldiçoar todo um povo acabou abençoando-o devido à pureza de sua jumenta, que tinha a visão do anjo do Eterno.

Assim também era Josué, discípulo humilde, dedicado e leal de Moisés. Quando chegaram à beira da terra prometida, 10 príncipes falaram contra seu mestre; apenas ele e Caleb reconheceram aquela como a terra prometida, como havia afirmado Moisés.

Josué era filho de Nun, também o nome de uma letra hebraica relacionada à humildade. Ou seja, o sucessor de Moisés precisava ser, acima de tudo, humilde. Essa é a mais importante virtude no caminho espiritual.

"No oitavo dia, tereis reunião solene; nenhuma obra servil fareis." (Números 29:35) — Código 78

Foram inúmeras as vezes em que Moisés ressaltou a importância do sétimo dia, mas agora, misteriosamente, ele menciona um oitavo dia. O sétimo dia completa um ciclo perfeito, por isso, há milênios, todas as religiões e os povos dividem a semana em sete dias.

Mas o oito vai além do ciclo, é como o conceito de "uma oitava acima" que temos em nosso sistema de escala musical. Além do sete, que fecha um ciclo e, por isso, é tão importante, agora se enfatiza um oitavo dia. Oito é o número do milagre.

A força do "oito" é grande nesta porção de cura e a própria contagem do censo traz esse número miraculoso. Foram contabilizadas 601.730 pessoas na congregação. Se você somar os números que compõem esse número (6 + 0 + 1 + 7 + 3 + 0 = 17) e depois somar os algarismos desse resultado (1 + 7 = 8), vai descobrir que o resultado também é oito.

O número oito possui uma relação íntima com o milagre e com o despertar da consciência. Você pode se perguntar como é possível despertar em um mundo tão repleto de dificuldades, mas nossos mestres ensinam que esse acordar, que traz um novo sentido à vida, acontece naturalmente quando despertamos do caráter ilusório deste mundo. O despertar também é um grande milagre de cura.

A LEMBRANÇA

42ª e 43ª Porções — Matot e Massê

É preciso estar de pé para adentrar na dimensão dos grandes mestres espirituais, mas como resistir aos desafios às vezes tão difíceis da vida?

"E falou Moisés aos cabeças das tribos dos filhos de Israel." (Números 30:2) — Código 79

A palavra hebraica para "tribos" — "matot" — é a mesma para "cajado". Há uma relação íntima entre tribo e cajado, ambos presentes desde o milagre da abertura do mar. Todas as tribos precisavam manter seus cajados de pé.

No livro de Gênesis, conhecemos a saga de um homem que, como nenhum outro, nos ensinou a nos mantermos de pé mesmo diante das maiores dificuldades. José era ainda muito jovem, tinha apenas 18 anos, quando foi seduzido pela linda mulher de Potifar, um oficial egípcio. Como o ser iluminado que era, ele conseguia ver além das cascas, por isso jamais sucumbiria à sedução da esposa de seu patrão e melhor amigo.

Foi diante de inúmeras provações que José aprendeu sobre uma lei espiritual que diz: "Quanto maior o obstáculo, maior a luz." Mesmo diante dos maiores obstáculos, ele revelava luz.

Provações surgirão no caminho, virão na forma de testes. Não podemos sucumbir diante delas, precisamos manter nossa verticalidade, deixar o cajado de pé. Manter a lembrança de que nunca estamos sós, lembrar da luz que nos guia e manter o cajado de pé, estes são os segredos para resistirmos aos desafios da vida.

"E partiram do mar Vermelho e acamparam no deserto de Sin. E partiram do deserto de Sin e acamparam em Dofca. E partiram de Dofca e acamparam em Alush..." (Números 33:11) — Código 80

Prestes a terminar o livro de Números, é realizada uma reavaliação da longa jornada daquele povo desde a saída do Egito, passando por 42 cidades. Por que citar nominalmente cada um dos pontos de uma longa e árdua caminhada? Por que fazer isso às vésperas de penetrar o tão sonhado lugar de destino?

O povo de Moisés recebeu a bênção da abertura do mar, a libertação da escravidão, os dez mandamentos e não podia esquecer de tantas bênçãos. Os 42 pontos citados possuem forte simbologia. Essa é a porção de número 43, que segue exatamente as 42 porções que já passamos. O 42 é um número mágico dentro da numerologia cabalística, é o número de palavras da oração milenar Ana Becoach: uma rara oração de cura.

A lembrança é necessária também em nossa caminhada pessoal. A possibilidade de uma reavaliação de nossa jornada, destacando pontos importantes. Em quais pontos foi preciso parar e receber uma bênção, para só então seguir em frente?

Mantemos vivas as lembranças das bênçãos já recebidas para jamais perder a confiança na luz que nos guia.

LIVRO 5

Deuteronômio

"Todo o núcleo da noz está coberto por diversas cascas e camadas. E assim ocorre com todo o mundo, de modo similar. Tudo é uma vestimenta para o que vem a seguir. Uma coisa é a casca para outra coisa. E esta 2ª coisa, por sua vez, é uma casca para outra coisa ainda. Até que o que resta é a casca da casca da casca da casca."

RAV SIMEON BAR YOCHAI

O PODER DAS PALAVRAS

44ª Porção — Devarim

O povo de Moisés se aproxima da terra prometida. Perderam a primeira oportunidade quando não acreditaram na palavra do mestre e agora a responsabilidade era ainda muito maior. Moisés já era bem idoso, estava preparando sua despedida deste mundo e desejava muito completar a missão que Deus lhe confiou. Para isso, ele prepara seu último discurso.

"Estas são as palavras que falou Moisés a todo o povo." (Deuteronômio 1:1) — Código 81

O quinto livro da Torah se chama, no original em hebraico, "Devarim". Pode ser traduzido como "palavras" ou como "coisas", nos ensinando que palavras criam coisas, criam realidade.

O poder das palavras é fundamentado nas primeiras palavras do texto da Bíblia: "E disse Deus: 'Seja Luz!' E foi Luz." (Gênesis 1:3). O primeiro ato da criação aconteceu por um pronunciamento e assim funciona com a criação de nossa própria realidade.

Palavras negativas são um grande obstáculo à evolução espiritual. Quando falamos para alguém sobre aspectos negativos de outra pessoa, quando nos lamentamos ou quando ouvimos a maledicência alheia, criamos negatividade, atraindo essa qualidade de energia.

O povo está prestes a chegar à terra prometida. Moisés precisa usar a palavra para prepará-los para viver em nome de um propósito maior, mesmo sem a sua presença.

"E foi no 40º ano, no 11º mês, ao 1º dia." (Deuteronômio 1:3) — Código 82

Antes de saírem do Egito, Moisés falava com Deus constantemente, sabia que viria um milagre, mas ainda assim esperou a lua cheia em Áries, que traz a força energética do impulso, o momento ideal para deixar a escravidão.

Agora, ele precisa incentivar todos a permanecerem no propósito. Uma grande oportunidade havia sido desperdiçada e toda atenção seria necessária. A data escolhida para esse discurso foi meticulosamente preparada. Ao conhecer o fluxo energético do tempo, podemos agir em sintonia com ele. É como nadar a favor da correnteza.

O 1º dia do 11º mês do 40º ano aponta uma fenda espiritual: a lua nova de Aquário. Aquário representa a renovação mental, novas ideias, a busca pela verdade. Moisés precisava transmitir algo repleto de verdade a todos.

Aquário é também relacionado à consciência de grupo. Quando você pertence a um grupo com o mesmo propósito, as respostas são buscadas em conjunto: de onde viemos? Para onde vamos? Qual o sentido da vida? São perguntas que, apenas por serem feitas, iluminam o caminho.

Moisés tinha, agora, uma tarefa de grande responsabilidade: preparar seu sucessor.

A HERANÇA

45ª Porção — Vaetchanan

"Ordena a Josué, anima-o e fortalece-o, porque ele passará na frente deste povo e o fará herdar a terra que verás." (Deuteronômio 3:28) — Código 83

Josué não era seu parente direto, nem o mais preparado intelectualmente, mas era o mais fiel e dedicado de seus discípulos. Quando chegaram na beira da terra prometida, anteriormente, somente ele e Caleb confirmaram o que Moisés tinha dito. Pela humildade, lealdade e dedicação, Josué foi escolhido seu herdeiro espiritual.

Esta é uma valiosa herança que podemos deixar para o mundo: nossos princípios e boas ações. Como aponta a Torah nesta mesma porção: "Guardarás seus estatutos, seus mandamentos, que eu te ordeno hoje, para que seja bem para ti e para teus filhos depois de ti." (Deuteronômio 4:40). Integridade, presteza, generosidade e humildade são virtudes que reforçam nosso propósito mais elevado. Por isso, Moisés novamente traz a todos os dez mandamentos.

"Eu sou o Eterno teu Deus." (Deuteronômio 5:6) — Código 84

São trazidos aqui, primeiramente, pela lembrança. Em geral, não basta aprender uma única vez na vida. Somos acometidos pelo mal do esquecimento desde a queda de dimensão de Adão e Eva. Por isso, Moisés relembra temas de suma importância. Em breve, ele sairá de cena, está preparando Josué para sua sucessão e lembra a todos: Deus é a força espiritual que se encontra em cada criatura deste mundo.

O primeiro mandamento nos incita a retirar o foco das questões supérfluas do mundo perecível para entregar a uma presença maior, que protege e conforta. É tudo tão grandioso, para que mergulhar em tantos problemas?

Na repetição dos dez mandamentos, há um grande segredo. Ela é quase idêntica, mas uma única letra hebraica que não havia aparecido na primeira versão, agora aparece: Teth, a nona do alfabeto hebraico. Está associada à força oculta da verdade, a força motriz de mestres como Moisés, Elias e Jesus, que viveram em tempos diferentes, mas sempre focados inteiramente na verdade. O universo apoia o caminho da verdade.

Moisés era um grande professor e agora repete alguns dos ensinamentos mais importantes adquiridos em uma longa caminhada repleta de perigos e bênçãos.

O AMOR

46ª Porção — Ékev

"Recordar-te-ás de todo o caminho pelo qual o Eterno, teu Deus, te guiou no deserto estes quarenta anos, para te humilhar, provar, para saber o que estava no teu coração." (Deuteronômio 8:2) — Código 85

A vida traz inúmeras provações, uma luta constante pela sobrevivência e contra nossa própria serpente. Durante esta jornada, precisamos passar por provas, mesmo por humilhações. São testes que nos desafiam a nos mantermos firmes e jamais perdermos o foco no alimento supremo da vida: o amor. Por isso, Moisés prossegue agora em seu monólogo, trazendo também a lembrança do episódio do bezerro de ouro.

"Porém tomei o vosso pecado, o bezerro que tinhas feito e o queimei, esmaguei, moendo-o bem, até que se desfez em pó." (Deuteronômio 9:21) — Código 86

Após a revelação dos dez mandamentos, Moisés subiu o monte Sinai para receber a Torah. Passados 40 dias, o povo hebreu se desesperou e pediu que Aarão construísse um bezerro de ouro para a adoração. Horas mais tarde, Moisés retornou e, quando se deparou com o povo em volta da estátua, quebrou as duas tábuas da lei no chão.

Por precipitação, tudo foi perdido. Faltavam apenas algumas horas, mas não esperaram. Moisés queima, esmaga e mói o bezerro até se desfazer em pó. Uma alegoria para que possamos perceber os bezerros de ouro que criamos em nossa vida e trocar a via do apego pela via do amor.

O LIVRE-ARBÍTRIO

47ª Porção — Reê

"Quando profeta ou sonhador se levantar no meio de ti e te anunciar um sinal ou prodígio... E disser: 'Vamos após outros Deuses...' não ouvirás as palavras desse profeta ou sonhador." (Deuteronômio 13:2) — Código 87

A repetição é fundamental no processo de aprendizado. Por isso, novamente Moisés faz um alerta para o falso profeta. É mais profundo do que a previsão errada, o falso profeta não tem vínculo com a integridade. Ele costuma se utilizar muito do medo alheio, repetindo com frequência: "Cuidado com aquela pessoa, cuidado com os perigos da vida."

O verdadeiro profeta precisa ter coerência entre sua prática e sua espiritualidade e um vínculo total com o caminho do desenvolvimento de virtudes. Este não se baseia no medo, mas sim no amor. Tem engajamento com o compartilhar e o caminho do despertar.

Moisés teve sua primeira visão diante da sarça ardente. Ele não buscava, apenas aconteceu. A partir daí, também foi inspirado a deixar o Egito. Muitos outros sinais viriam. No entanto, foi por desenvolver seu livre-arbítrio, para escolher sempre pelo caminho da luz, que as visões o acompanhavam.

O nome dessa porção da Torah é "Reê", e ela carrega no próprio nome um mantra sagrado para abrir a visão espiritual. Todos podem desenvolver este dom, mas muita prática meditativa e dedicação são essenciais. Em especial, uma vida focada na integridade, como a de Elias, protagonista de profecias inesquecíveis que sempre se manteve um homem íntegro e puro. O livre-arbítrio é uma grande conquista do caminho espiritual.

O NÃO QUE GARANTE O SIM

48ª Porção — Shofetim

"Não torcerás o juízo, não farás distinção de pessoas e não tomarás suborno." (Deuteronômio 16:19) — Código 88

Em um mundo composto de luz e sombra, as dualidades estão também dentro de nós. Assim como abrigamos o ser luminoso, que leva luz ao mundo, abrigamos também um ser sombrio que, mesmo sabendo a direção certa, pode escolher tomar outra direção.

Quando aprendemos a dizer "não" aos núcleos sombrios, sobra energia para trabalharmos no desenvolvimento espiritual e no despertar da nossa consciência. Por isso aparecem tantos "não" no texto bíblico:

- Não jurar em vão.
- Não matar.
- Não roubar.
- Não adulterar.
- Não cobiçar o que é do outro.
- Não usar a palavra falsa.
- Não adivinhar.

Ao negar os conselhos da sombra, ganhamos energia extra para nos dedicarmos a um caminho de bondade, paz e alegria.

"Não se achará entre ti quem faça passar pelo fogo, nem adivinhador, nem quem consulte os mortos." (Deuteronômio 18:10) — Código 89

Essa porção, chamada "Shofetim", começa com a letra hebraica Shin, que, por sua vez, está relacionada ao elemento fogo. O fogo é o mais transformador dos elementos, ninguém passa incólume por ele. Pode passar pelo ar, pela água, pela terra, mas o fogo é definitivo: por onde ele passa, transforma. E se não houver preparo, ele pode queimar.

Há uma história que conta que, no século I, quatro homens tentaram penetrar nos mistérios do misticismo judaico, também chamado o "Pardês". Eles haviam sido avisados do perigo que representava tal empreitada sem um preparo adequado, mas ainda assim seguiram adiante.

Conta-se que o primeiro, Ben Azai, olhou e morreu, pois sua alma ansiava tanto pela fonte, que abandonou o corpo assim que fez contato com a luz suprema. O segundo, Ben Abuyah, ainda não havia encontrado um estado de discernimento mental e ficou tão confuso com sua visão que, tomado por grande medo, se tornou um total materialista. O terceiro, Ben Zoma, enlouqueceu, pois não havia conciliado a experiência visionária com a vida comum. Apenas Rav Akiva, aquele que por toda uma vida se preparou para aquele encontro, entrou e saiu em paz e se tornou um iluminado.

Fenômenos mágicos são uma verdadeira bênção, mas o portal da visão espiritual somente se abre àqueles que aprenderam a exercer o livre-arbítrio. Livre é o que consegue dizer "não" às suas próprias inclinações negativas. Por isso, temos tantos "nãos" no texto bíblico. O "não" que garante o "sim".

A PROSPERIDADE

49ª e 50ª Porções — Ki Tetsê e Ki Tavô

Moisés era um sábio já em idade avançada e preparava a sua despedida deste mundo. Por isso, deixa ensinamentos sobre os mais importantes temas da vida humana.

"Quando edificares uma casa nova, far-lhe-ás, no terraço, um parapeito." (Deuteronômio 22:8) — Código 90

O tema central agora é a prosperidade e a Torah nos traz seus três pilares da sustentação. Podia citar tantos outros detalhes, mas aqui cita o parapeito, porque remete à ideia de segurança, nos impede de cair. Esse é o primeiro dos três pilares da prosperidade.

Para criar um parapeito, a restrição é uma chave. Resistir aos desejos pelo supérfluo e focar mais no que realmente importa. Um nível de retenção é absolutamente necessário no caminho da prosperidade.

A restrição foi o grande ensinamento que José levou ao Faraó quando interpretou o sonho das sete vacas gordas seguidas por sete vacas magras. O recado é nítido: a vida é repleta de ciclos, existem tempos de abundância e tempos de privação. Aqueles que nos tempos de abundância não retêm ficam sujeitos a situações muito difíceis diante de tempos escassos.

A restrição traz segurança para os tempos difíceis e tranquilidade para nos dedicarmos a um caminho de sabedoria e aproximação do sagrado. Ainda assim, sabemos das dificuldades inerentes ao ser vivo no planeta Terra, temas ligados à sobrevivência demandam muita energia.

A prosperidade é também um canal de energia e existe um caminho para abrir esse canal. Por isso, Moisés traz agora o segundo pilar da prosperidade: a integridade.

"Vendo o boi de teu irmão, ou o seu cordeiro, extraviados, não farás como se não os visse, mas os restituirás a teu irmão." (Deuteronômio 22:1) — Código 91

Uma postura íntegra atrai prosperidade em todos os níveis. Seja nas questões maiores, seja nas menores, devemos buscar a integridade em todos os aspectos da vida, traçar um caminho reto e com pureza de alma. Tal preceito é encontrado no salmo 24: "Quem subirá ao monte do Eterno? E quem estará em seu santo lugar? Aquele cujas mãos são limpas e cujo coração é puro."

A integridade é o tema do salmo 112, que diz: "Brilha na escuridão uma luz para os íntegros, pois ele é misericordioso e justo. Bem haverá ao homem que tem compaixão e que auxilia a quem precisa, e a que seus negócios conduz com justiça. Nunca será abalado. Será sempre lembrado como justo."

"Bendito o fruto do teu ventre, o fruto da tua terra, o fruto dos teus animais e as crias das tuas vacas e das tuas ovelhas." (Deuteronômio 28:4) — Código 92

O terceiro pilar da prosperidade fala da benção. Alguns chamam de sorte, aquela luz adicional, inesperada, que nos impulsiona no caminho da luz. Mas há uma lei de atração que rege esta sorte, também um canal de luz. E como podemos iluminá-lo? Compartilhando.

A prosperidade não está ligada somente ao quanto você recebe, mas também ao quanto compartilha. Ela se encontra no equilíbrio dessas duas forças. Pessoas que recebem muito, têm muito mais do que precisam e não compartilham da mesma forma, também têm problemas com a prosperidade.

Esse é um ensinamento comum a todos os caminhos espirituais. Quanto mais você compartilha, mais recebe. Uma lei universal. Podemos receber muito da vida, desde que compartilhemos na mesma medida. Compartilhar abre canais. Sempre que resolvemos levar algo ao outro, abre-se um importante espaço para que a luz possa penetrar a nossa vida.

"E nos trouxe a este lugar e nos deu esta terra, terra que emana leite e mel." (Deuteronômio 26:9) — Código 93

As letras em hebraico formam palavras, mas são também números. Somando os números de cada uma das letras das palavras "leite" e "mel" ("ralav" e "dvash", em hebraico), obtemos como resultado o número 346. É a mesma numerologia da palavra "ratson", que significa "desejo". Ou seja, a terra que emana leite e mel é a terra dos nossos desejos.

O leite está ligado ao compartilhar. Os desejos movidos pelo compartilhar são frutíferos. O mel é associado à beleza, não a beleza puramente física, repleta de cascas, mas aquela que brota de dentro, pelas virtudes da alma, do ser meditativo que enxerga as criaturas de Deus em toda a sua profundidade.

A ESCOLHA

51ª Porção — Nitsavim

Moisés tinha urgência em transmitir a sabedoria da terra prometida. Primeiro, ele ensinou sobre o amor, depois sobre a prosperidade e, agora, lembra da responsabilidade que temos com nossas escolhas:

"Vê que, hoje, pus diante de ti a vida e o bem, a morte e o mal." (Deuteronômio 30:15) — Código 94

"A vida e o bem" fazem referência ao caminho da luz. "A morte e o mal" são alegorias para o caminho da sombra. Não apenas a morte física, mas também a morte do momento, quando a vida pulsa como um trem que atravessa as mais diversas paisagens, mas perdemos os belos cenários, a oportunidade do momento presente.

Adão e Eva foram orientados a não comer do fruto proibido, mas optaram por comer e tiveram que arcar com as consequências desta escolha. O problema se tornou ainda mais grave quando não assumiram a responsabilidade, tentaram colocar a culpa na serpente.

Aconteceu também quando Moisés orientou seu povo a esperar 40 dias e 40 noites pelo seu retorno e, impacientes, construíram o bezerro de ouro. Também tiveram que arcar com as consequências resultantes de uma escolha equivocada.

Cada escolha, por menor que seja, significa uma nova semente que vai gerar frutos. Se escolhemos pela luz, nossa existência vai se construindo sobre a luz; se escolhemos pela sombra, ela vai se tornar sombria. Um ensinamento que parece tão simples, mas que acaba por ser definitivo no enredo de nossa própria vida.

OS CICLOS DA VIDA

52ª Porção — Vaiêlech

Pela última vez, Moisés fala com o seu povo. Após longos anos de uma convivência íntima, de milagres e aprendizados preciosos, ele sabia que sua missão se encerrava ali.

"Esforçai-vos e animai-vos, não temais, porque o Eterno, vosso Deus, é quem vai convosco; não vos deixará, nem vos desamparará." (Deuteronômio 31:6) — Código 95

O que faz um mestre se tornar iluminado é a força de seu propósito. Um ser humano movido pelo propósito, que se compromete com o caminho da luz, recebe as mais elevadas energias espirituais comandadas pela força onipresente do Criador.

Por mais inesquecíveis e grandiosos que sejam os mestres espirituais que nos deixaram a sabedoria da terra prometida, eles também são seres humanos e possuem tempo limitado neste mundo. Precisamos ter sempre Deus conosco. Ele está elegendo Josué seu sucessor, mas deixa claro que é o Eterno que estará com eles.

Este é um ensinamento muito bonito. Nossa vida é repleta de fases, pessoas especiais que vêm e vão, mas a única coisa que é eterna em nossa vida é a presença de Deus. Não fosse por esta presença, viveríamos em uma imensa solidão. A missão de Moisés está se encerrando, um mestre que deixa uma vida de exemplo, focada em humildade e submissão a Deus.

"E disse-lhes: 'Sou, hoje, da idade de 120 anos. Já não posso sair e entrar.'" (Deuteronômio 31:2) — Código 96

A idade em que Moisés deixa o mundo também é um código espiritual repleto de sabedoria. Números em hebraico são representados por letras. Nesse caso, o número 120 é representado por duas letras hebraicas: a letra Caf, associada ao sistema de causa e efeito, e a letra Kuf, que fala da alegria.

O sistema de causa e efeito é alimentado pelas nossas escolhas. Causa e efeito são a primeira instância da compreensão de Deus, aquilo que jogamos para o mundo volta para nós. Já a alegria é um termômetro. Muitos religiosos se tornam carrancudos ao caminhar com grande peso sobre os ombros, assim, a luz se perde.

O caminho espiritual vem para libertar e elevar, mesmo nos momentos mais difíceis. Quando a consciência desperta, a alegria chega como um fenômeno natural, como o ar ou o céu; mas ela acontece sempre de dentro para fora.

UMA GRANDE MEDITAÇÃO

53ª e 54ª Porções — Haazínu e Vezot Ha Brachá

Moisés está se despedindo deste mundo, mas ainda precisa lembrar a todos da principal virtude para se viver na terra prometida: a humildade. Ele lembra aqui que podemos ter títulos, poder financeiro, muitos atributos materiais, e, ainda assim, tudo pode se desfazer a qualquer momento.

"E veio Moisés e falou as palavras deste cântico aos ouvidos do povo, ele e Oshea, filha de Nun." (Deuteronômio 32:44) — Código 97

Oshea é filha de Nun. Nun é o nome da letra hebraica relacionada à humildade. Moisés era um mestre poderoso, mas sempre humilde, lembrando que toda a força vem de Deus, como também ensinou José. Esta é a mais importante virtude para a entrada na terra prometida.

Por último, ele ainda lembra que a herança mais valiosa que podemos deixar para este mundo são nossos princípios e boas ações. Sempre que vencemos os conselhos da negatividade para permanecer em um caminho de retidão e paz, podemos experimentar a alegria da luz de Deus que se manifesta na experiência terrena.

"Aplicai o vosso coração a todas as palavras que testifico entre vós, para que as recomendeis a vossos filhos." (Deuteronômio 32:46) — Código 98

Esses ensinamentos precisam ser perpetuados, representam a esperança em um mundo com mais solidariedade e amor.

O povo assiste ele se afastando só, caminhando em direção ao monte, Moisés deixaria esse mundo sozinho diante do Eterno, a força que lhe guiou durante toda a sua vida. Jamais encontraram seu corpo, não há um túmulo de Moisés, um mestre enigmático.

"No tocante a toda a mão forte e a todos os grandes milagres no temível deserto, que fez Moisés aos olhos de todo o Israel." (Deuteronômio 34:12) — Código 99

Estas são as últimas palavras do texto da Torah, um texto de centenas de milhares de caracteres e codificado até a sua última palavra.

A última palavra da Torah é "Israel" e ela fala de uma dimensão da existência desperta. O nome surgiu na Torah quando o patriarca Jacob, após 20 anos de correção de caráter, em que trabalhou dia após dia para transformar os traços negativos de sua personalidade, venceu o anjo da morte e se transformou em um mestre iluminado: Israel.

É um arquétipo que vive dentro de cada um de nós, quando acordamos para a nossa missão de levar luz ao mundo e resgatar nossa imagem e semelhança divina com o criador.

Vamos aprofundar este último código recorrendo ao texto original. A primeira letra da Torah, em hebraico, é Beit. A última letra da Torah, também a última do nome Israel, é Lamed. Juntando as duas letras, temos a palavra "Lev", que significa "coração".

Este é o último grande ensinamento da Torah: o caminho do despertar interior envolve muitos preceitos, regras, desvenda segredos, mas precisa ser percorrido com o coração. O desejo e a intenção são os combustíveis do milagre.

E por que Moisés não entrou na terra prometida?

Primeiro porque sua missão era levar o povo até a sua entrada, e foi isso que ele fez. Mas nossos sábios explicam também que ele já vivia na terra prometida, ela não é uma dimensão geográfica, mas uma dimensão da alma. É onde vivem os seres despertos, que acordaram do sonho coletivo para desfrutar de uma vida inteiramente guiada pelo amor.

Chegamos ao final desta jornada pela Torah, mas os mestres e aprendizados aqui conhecidos permanecem dentro de nós, nos guiando no caminho de uma vida significativa, com muito mais despertar interior e aproximação de Deus.

CONSIDERAÇÕES FINAIS

Desde o primeiro código bíblico, estudamos sobre temas essenciais para a evolução do ser humano e para uma aproximação maior com o divino. Ao nos dedicarmos aos ensinamentos aqui estudados, passamos a atrair uma dimensão de realidade com muito mais paz e alegria.

Na segunda parte do livro, podemos estudar detalhadamente cada um dos 99 códigos bíblicos, inclusive com aulas meditativas de apoio, que ajudam a aprofundar o contato com estes ensinamentos.

Desde meu primeiro livro, *O poder de realização da Cabala*, lançado em 2005, fiz sempre questão de disponibilizar meu endereço pessoal de e-mail, para que você, se assim desejar, possa escrever sobre sua experiência com estes ensinamentos: ian@mecler.com.br. Para conhecer nosso trabalho mais profundamente, envolvendo livros, cursos, meditações, palestras e trabalho filantrópico, acesse www.ianmecler.com.br.

Somos herdeiros de um legado milenar, transmitido por mestres como Moisés, Elias e Jesus. Hoje, está conosco a responsabilidade de levar esses ensinamentos adiante, para que, juntos, possamos construir um mundo com muito mais amor.

PARTE II

Os 99 códigos bíblicos trazidos aqui abordam temas essenciais da jornada humana. Aqui você encontra todos eles organizados e pode estudar aqueles pelos quais tiver mais interesse ou necessidade no momento.

Para cada um dos 99 códigos, preparamos também uma videoaula meditativa. Para assistir à aula meditativa, aponte seu celular para o QR Code respectivo.

Se você quiser, pode escolher um tema que necessite mais ou mesmo sortear uma sabedoria do dia, que trará um recado para iluminar seu dia. Em determinados momentos, um pequeno ensinamento pode fazer grande diferença.

Você tem a opção também de acessar diretamente a playlist com todas as videoaulas em sequência, apontando para o QR Code abaixo:

Se preferir abrir um vídeo a cada código, aponte abaixo para acessar a introdução:

LIVRO 1

Gênesis

99 códigos da Torah

1. O PRINCÍPIO

"No princípio criou Deus." (Gênesis 1:1)

1ª Porção — Bereshit

O Gênesis é um livro de grande profundidade, originalmente escrito na língua hebraica. Ele traz respostas para o buscador espiritual, é uma linguagem própria para a comunicação com o sagrado. Poucos sabem, mas o texto da Torah permanece exatamente o mesmo desde a sua primeira versão, há milhares de anos. Nem mesmo os espaços em branco foram colocados ao acaso.

Sua primeira palavra, "Bereshit" בראשית, é traduzida em nossa língua como "No princípio". A primeira letra da Torah (a leitura em hebraico é sempre da esquerda para a direita) é Beit ב, também a segunda letra do alfabeto hebraico. São 22 as letras do alfabeto hebraico, cada uma relacionada a um tema. A letra Beit é relacionada à contração, nos trazendo também uma grande lição: se você deseja criar, aprenda antes a contrair.

Quando contraímos e silenciamos, abrimos espaço para a inteligência divina. Além de todo o estudo, uma boa dose de silêncio e meditação é necessária para que possamos buscar a resposta para questões tão profundas.

 Aponte a câmera do seu celular para este QR Code para ter acesso à videoaula. A cada página, o código redirecionará você a um vídeo diferente.

> O 1º segredo bíblico revela: quando aprendemos a contrair e silenciar, nos tornamos mais criativos e resgatamos nossa imagem e semelhança com o criador. Este é o primeiro passo no caminho do despertar interior.

2. A PLENITUDE

"E foi tarde e foi manhã, dia um." (Gênesis 1:5)

1ª Porção — Bereshit

Seis dos sete dias da criação são escritos como "segundo", "terceiro", "quarto" etc. Se a Torah seguisse essa mesma linha gramatical, teria escrito também "dia primeiro". Entretanto, ela menciona o "dia um". Quando a Torah descreve o início do processo da criação como "dia um", ela traz a ideia de uma dimensão na qual tudo se basta, nada mais é necessário.

Viemos de uma dimensão de plenitude. Isso explica o poder de superação de pessoas que se deparam com grandes obstáculos em suas vidas e, ainda assim, recriam forças para seguir em frente. Esse estado de plenitude está registrado no hemisfério direito do cérebro, o lado intuitivo, não cognitivo.

Não obstante, a civilização moderna caminha na outra direção. Com a maior parte da energia direcionada para a mente racional, conseguimos extraordinários feitos. Mas existe um alto preço a ser pago por esse desequilíbrio nos hemisférios do cérebro: os níveis de felicidade da espécie humana caem a cada geração.

O 2º código bíblico, "o dia um", chama a atenção para uma dimensão na qual não há competição entre os seres, em que os dois hemisférios do cérebro trabalham em equilíbrio. Assim, podemos achar o caminho da plenitude, nossa casa original.

3. A ARCA

"Constrói uma arca." (Gênesis 6:14)

2ª Porção — Noach

Dez gerações após Adão e Eva, os seres humanos se esqueceram da plenitude do paraíso e deixaram o mau impulso se multiplicar pelo mundo. Deus iria erradicar a espécie que ele construiu à sua imagem e semelhança, não fosse um descendente do casal original, que achou graça aos seus olhos: Noé.

A Noé, ele ordenou: "Constrói uma arca." Ao extrair o código, a luz se revela. Afinal, que dilúvio era esse que destruiria toda a vida na Terra, exceto os protegidos pela arca? A palavra em hebraico para "dilúvio", "mabul", pode ser traduzida como "confusão mental". É pela mente confusa que somos corrompidos, perdendo a paz de espírito. As pessoas costumam ser fortes quando as águas da emoção estão tranquilas, mas a maioria afunda diante das ondas da frustração.

Daí a importância de construirmos uma arca, um reduto de meditação e oração, para nos proteger de um dilúvio que acontece também em nossa vida pessoal, na maioria dos casos, criado pela mente desconectada da fonte de luz.

O 3º código bíblico revela: nos momentos de grande tensão, o melhor a fazer é, a exemplo de Noé, construir uma arca e deixar o dilúvio passar. Às vezes, demora mais, às vezes, menos, mas o sol sempre volta a brilhar.

4. O PODER DAS PALAVRAS

"E assim é que a farás: 300 cúbitos, o comprimento da arca, 50 cúbitos, sua largura e 30 cúbitos, a sua altura." (Gênesis 6:15)

2ª Porção — Noach

Os números, na língua hebraica, são referenciados por letras, como acontece com os algarismos romanos. Assim, as medidas da arca descritas como 30 x 300 x 50 são referenciadas por três letras hebraicas: Lamed (ל), Shin (ש) e Nun (נ). Elas formam a palavra "lashon" (לשנ), que significa "língua".

Muito mais do que medidas físicas, trata-se de um código espiritual que nos ensina que podemos resistir aos dilúvios da vida se aprendemos a lidar com as palavras. Palavras negativas são um grande obstáculo à evolução. Elas são alimentadas em basicamente três formas:

- Quando você fala para alguém sobre aspectos negativos de outra pessoa. Se não tiver um caráter construtivo, é melhor que não seja pronunciado.
- Quando você se lamenta. A cada lamento, mais energia negativa é atraída.
- Quando você ouve a maledicência de um outro. Neste caso, o mal vem da língua do outro, mas, se você alimenta e foca nisso, ajuda a criar negatividade.

O 4º código bíblico aqui revela: uma prática disciplinada e amorosa com boas palavras é um poderoso alicerce na construção da arca interior. Com maior foco nas palavras positivas, é possível despertar para uma nova consciência. Mudando o foco, muda-se também a realidade.

5. O DESAFIO DO JUSTO

"Bebeu do vinho, se embriagou e descobriu-se em sua tenda."
(Gênesis 9:21)

2ª Porção — Noach

Ao se encerrar o dilúvio, Noé saiu da arca e plantou uma vinha. Depois, se embriagou. O desgaste se acentuou quando seu filho, Cham, vendo sua nudez, em vez de cobri-lo, foi contar aos irmãos. O pai amaldiçoou o filho.

O tema aqui é a vulnerabilidade humana. Por isso, a Cabala ensina que um justo só se torna justo depois que morre. Não há garantia perpétua de iluminação; até o último suspiro pode-se colocar tudo a perder. Noé era um justo aos olhos do criador e, ainda assim, cometeu um grande equívoco. Cada personagem bíblico que comete um erro nos inspira a compreender nossos erros, são oportunidades para a evolução.

Esta porção é recheada de conflitos e o segredo para a resolução deles aparece no nome do protagonista da porção: Noé, que, em hebraico, é lido como "Noach", e significa "descanso". Nos ensina a silenciar mais, descansar a mente e injetar luz em nossa vida.

O 5º código bíblico revela: nos momentos revoltos da vida, o melhor que temos a fazer é meditar, buscar a paz, construir a arca. Ao nos tornarmos mais meditativos, aprendemos a injetar luz diante dos obstáculos. Assim trocamos a sombra pela luz. Esse é o caminho do justo.

6. ALTARES E TEMPLOS

"E edificou ali um altar ao Eterno, que lhe havia aparecido."
(Gênesis 12:7)

3ª Porção — Lech Lechá

Abrão deixou a casa dos pais e partiu com Sarai, sua esposa, e Lot, seu sobrinho, rumo a Canaã. Quando lá chegou, Abrão construiu um altar, o primeiro da Torah, invocando o nome do Eterno.

É um momento marcante. A partir de então, seriam criados milhares de templos em todo o mundo. Mas, afinal, por que construir lugares específicos para a comunicação com Deus? Deus precisa de uma casa para falar conosco?

A sabedoria monoteísta explica: Deus está em todos os lugares. Em cada ser humano, animal, planta, mesmo nas situações mais desesperadoras. Não há nada neste mundo que escape à presença divina. No entanto, nem sempre percebemos claramente esta presença.

Por isso construímos altares, para criar espaços definidos para a comunicação com o sagrado e jamais esquecer as revelações divinas que nos acompanham no caminho.

O 6º código bíblico revela: construímos altares e templos para jamais nos esquecermos da importância da aproximação do sagrado.

7. NÚMERO E DESTINO

"Olha para os céus, e conta as estrelas, se pode contá-las. Assim será sua semente!" (Gênesis 15:5)

3ª Porção — Lech Lechá

Abrão carregava uma frustração, porque não havia gerado descendentes. Quando ele menos esperava, o Eterno lhe apareceu: "Olha para os céus, e conta as estrelas." Ele não poderia contar todas as estrelas do céu. O recado oculto no texto diz que é chegado o momento de construir um novo destino: "Olha por cima das estrelas!"

O estudo da astrologia pode auxiliar na compreensão das linhas do destino. Entretanto, quanto mais você se dedica a um caminho de realização, menos vulnerável se torna a tendências preestabelecidas. Abrão decidiu por esse caminho, por isso pôde escutar a mensagem divina.

Seus encontros com o Criador eram frequentes e, em um deles, o nome Sarai foi modificado para Sarah e Abrão para Abrahão. Mas a mudança numerológica, por si só, não traz transformação. O novo nome surge com o nascimento do novo ser, desperto. Um olhar interior é essencial nessa viagem revelada no nome da porção: "Lech Lechá", que significa "vai para ti".

O 7º código bíblico revela: podemos transcender as amarras do mundo lógico ao nos dedicarmos, como Abrahão, no caminho das virtudes da alma. Elas são a chave da construção de um novo destino.

8. AQUI, AGORA

"Abrahão, Abrahão." Ele respondeu: 'Eis-me aqui'."
(Gênesis 22:1)

4ª Porção — Vaierá

Quando Isaac nasceu, Abrahão e Sarah foram tomados por uma alegria indescritível. Mas o tempo passou, e com ele se foram as lembranças dos milagres divinos. Tudo parecia calmo, até demais, quando o Eterno reaparece: "Abrahão, Abrahão." Ele respondeu: "Eis-me aqui." (Gênesis 22:1)

Deus pedia o sacrifício do filho tão desejado. Mas, afinal, o que a Torah deseja nos ensinar? Por que um homem tão bom e dedicado teria que provar amor a Deus sacrificando seu filho amado? A mensagem fala sobre a intensidade dos relacionamentos. Isaac foi tão desejado, mas com o tempo, pai e filho se distanciaram. Logo aquela que deveria ser a mais viva relação, de um filho com seu pai amado.

Quando chegaram ao alto do cume, Abrahão tomou a faca em sua mão e o anjo de Deus lhe gritou: "Abrahão", e ele respondeu: "Eis-me aqui!" (Gênesis 22:10)

O sacrifício foi revogado. O sacrifício exigido era o da zona de conforto, do esquecimento. Por isso, uma mesma resposta em dois momentos tão distintos. Tanto quando Deus ordena o sacrifício como quando o anjo o revoga. A resposta é idêntica: "Eis-me aqui."

O 8º código bíblico revela: precisamos estar presentes, atentos, em especial com aqueles que amamos.

9. NÃO OLHE PARA TRÁS

"Escapa, por tua alma, não olhes para trás de ti."
(Gênesis 19:17)

4ª Porção — Vaierá

Dois anjos vão a Sodoma, na tentativa de salvar o sobrinho de Abrahão, Lot, que lá habita. Lot recebe os anjos em sua casa e uma multidão os cerca, ameaçando violar suas filhas. A cidade está tomada pela perversão e os anjos orientam Lot e sua família a deixar o lugar.

Enquanto eles escapam, Sodoma é destruída por enxofre e fogo, mas a mulher de Lot não resiste, olha para trás e se torna uma estátua de sal. Esse é um código poderoso, que ensina sobre quanta energia é desperdiçada no culto ao passado. A vida é repleta de situações complicadas, mas vale a pena se apegar a elas para sempre?

Não há nada tão certo nesta vida quanto a transitoriedade do corpo e de tudo mais que preenche o universo físico. No entanto, mesmo sabendo que nada levarão deste mundo, as pessoas se apegam ao ilusório mundo material. Por isso, a primeira grande lição para que você possa viver inspirado todos os dias de sua vida é abandonar o apego ao passado.

O 9º código bíblico revela: podemos nos salvar dos traumas do passado, em especial os que envolvem relacionamentos e perdão, quando deixamos de olhar para trás. O grande momento da vida é o presente.

10. A BOA SORTE

> "E saiu Isaac para rezar no campo, à tarde, levantou seus olhos
> e viu que camelos vinham. E alçou Rebecca aos seus olhos."
> (Gênesis 24:63)

5ª Porção — Chaiê Sara

Após Sarah, a esposa de Abrahão, fazer sua passagem, o patriarca sentiu a necessidade de buscar uma esposa para seu filho, Isaac. Ele enviou Eliezer, homem de sua confiança. Seria uma bênção escolher uma mulher de bom coração, boa para seu filho.

Mas como obter tamanha sorte? A sorte não cai do céu. Ela é resultante de um poderoso sistema de atração: você colhe as sementes que planta. Quanto mais você doa ao mundo, mais o mundo responde favoravelmente a você. Trata-se de um princípio universal.

A generosidade é expressa no texto pelos camelos. Não é literal. A palavra "camelo", do hebraico "gamal", originalmente pode ser lida também como "Guimel" (terceira letra do alfabeto, ג). Guimel é associada ao compartilhar. Ou seja, compartilhar encontra compartilhar e benevolência encontra benevolência.

Eliezer encontrou uma moça formosa, educada e generosa a ponto de oferecer água da fonte não só para ele, mas também para seus camelos. Isaac estava orando, em meditação no campo, quando avistou o servo retornando com sua nova esposa. Ali nascia um novo amor.

> O 10º código bíblico revela: a sorte é fruto de uma sintonia. Cada um de nós pode desenvolver essa sintonia pelas orações, meditações, boas ações, criando um receptor de luz. Quando compreendemos nossa participação na construção de nossa realidade, grandes bênçãos florescem.

11. GRATIDÃO E BÊNÇÃO

"O Eterno tem me abençoado muito." (Gênesis 24:35)

5ª Porção — Chaiê Sara

O servo de Abrahão, em busca de uma esposa para Isaac, levava presentes, jamais esquecendo de se curvar e agradecer a Deus, como relatado diversas vezes no texto.

Ele executava sua missão repleto de desejo de compartilhar, se sentia agradecido e, por isso, atraiu uma mulher com espírito semelhante. Isaac orava e meditava enquanto esperava, assim tudo tende a dar certo. É uma lição que ensina o quanto podemos participar ativamente na atração de nossa boa sorte.

A oração é uma poderosa ferramenta para atrair bênçãos. Quando feita com confiança e pureza de coração, torna-se como uma bomba propulsora de amor, que asperge o mundo com bênçãos. Antes de orar é necessário um preparo. Esvaziar os pensamentos, deixar o coração ser tomado pela presença divina, focar aquilo que realmente se deseja, pedindo não apenas por si. Uma oração mais ampla, a serviço de todos os seres, amplia o vaso receptor da luz divina.

O 11º código bíblico revela: quando nos sentimos agradecidos, criamos um estado de espírito receptivo a bênçãos e milagres. Em geral, quanto mais reclamamos, mais motivo temos para reclamar. Da mesma forma funciona com o agradecimento. Quanto mais agradecemos, mais motivos temos para agradecer.

12. GERAÇÕES

"E saiu o primeiro ruivo, todo ele peludo, e o chamaram Esaú. E depois saiu seu irmão, e sua mão agarrada ao calcanhar de Esaú, e chamou seu nome Jacob." (Gênesis 25:25)

6ª Porção — Toledot

Dar continuidade à família era um sonho de Isaac e Rebecca, mas assim como aconteceu com seus pais, Isaac não conseguia ter filhos com a esposa. Eles passam muitos anos orando, até que o desejo se realiza. Nasceram gêmeos, mas que lutavam desde o ventre.

O nome dessa porção da Torah é "Toledot", que significa "gerações". Nela, os problemas de Abrahão são repetidos por seu filho, Isaac. Uma geração passa pelo mundo, contribui com sua luz, deixando também o peso de suas ações sombrias. Seja como for, o tempo de um ser humano passa, dando lugar aos seus descendentes.

Diante dessa perspectiva, como nos situamos? Qual é o nosso papel? São questões recheadas de mistério, cercadas pelo imponderável, mas que têm força própria. Quando fazemos esses questionamentos, nos tornamos mais acordados, despertos.

> O 12º código bíblico revela: vieram muitas gerações antes de nós, virão muitas depois, o nosso momento no mundo é este, aqui e agora. Que possamos aproveitar a oportunidade para tornar o mundo um local melhor.

13. DIFERENTES EUS

"Quem és tu?" (Gênesis 27:32)

6ª Porção — Toledot

Isaac, já idoso e cego, pede que seu primogênito lhe traga uma caça. Rebecca escuta o pedido, se antecipa e articula um plano para salvar um legado que, mesmo que geneticamente fosse de direito de Esaú, precisava ser destinado ao filho que nascera para se tornar um líder espiritual: Jacob.

Ela prepara rapidamente uma refeição e veste roupas de Esaú em Isaac. Em seguida, Jacob vai ao pai, engana-o, se passando pelo irmão, e recebe a bênção patriarcal, partindo apressado. Não tarda e chega Esaú, com manjares para o pai, que pergunta: "Quem és tu?" (Gênesis 27:32)

Os personagens bíblicos vivem dentro de nós. Jacob é a personificação do homem bom, suave, que ora e medita, mas, ainda assim, é capaz de fazer parte de um plano inescrupuloso. Esaú é a personificação da nossa inclinação primitiva, homem sem refinamento, mas que, ainda assim, não merecia ser vítima de uma armação familiar que o fez chorar em agonia. Dentro de nós também abrigamos esses personagens.

O 13º código bíblico revela: o bem e o mal estão mesclados no mundo e dentro de nós. É preciso um profundo trabalho de auto-observação para que haja uma real transformação interior.

14. DEUS ESTÁ AQUI

"Deus está aqui e eu não sabia." (Gênesis 28:16)

7ª Porção — Vaietsê

Jacob se encontrava só, diante da escuridão do deserto, dormindo ao relento e improvisando pedras como travesseiros. Eis que ele sonha o mais belo sonho da sua vida: anjos que sobem e descem por uma escada. No alto, o Criador lhe anunciava um destino grandioso. Quando acorda, uma alegria inexplicável toma conta de seu coração, e, mesmo diante de condições tão adversas, ele diz: "Deus está aqui e eu não sabia." (Gênesis 28:16)

Essa é uma passagem de rara beleza na Torah. Ela nos fala sobre o reconhecimento da presença divina sem aviso prévio, sobre transformar lugares aparentemente inóspitos em reduto das mais belas experiências espirituais.

Jacob despertou do sonho, não apenas aquele que sonhamos dormindo, mas o adormecimento de toda uma vida de crenças equivocadas. É estranho chamar algo assim, tão perecível, de realidade. Mas Jacob, de maneira inesperada — e as maiores bênçãos parecem sempre chegar assim — simplesmente acordou e descobriu uma nova realidade, guiada pelo amor.

O 14º código bíblico revela: Deus está em todos os tempos e lugares. Só depende de nós percebermos essa presença que ilumina cada momento da vida.

15. O RENASCIMENTO

"E voltaram os mensageiros a Jacob dizendo: fomos ter com teu irmão, Esaú, ele vem ao teu encontro e 400 homens com ele."
(Gênesis 32:7)

8ª Porção — Vayishlach

A palavra "mensageiros", em hebraico "malachim", é a mesma para "anjos". Ao descobrir que, após 20 anos, Esaú caminhava em sua direção com 400 homens, Jacob entrou em pânico, temendo perder a vida.

O número 400 aqui é um código, pois representa a última letra do alfabeto hebraico, Tav (ת), relacionada à morte. Este é o mais profundo tema humano.

Jacob meditou, orou e preparou como presente animais do seu rebanho para que seus servos os entregassem a Esaú, na esperança de apaziguar a ira do irmão, e caminhou sozinho para o deserto. Acostumado a viver entre esposas, filhos e servas, o espaço agora era de profunda solidão. Os pensamentos obsessivos e o medo da morte se mesclavam, provocando uma pane que o fez silenciar e entrar em profundo estado meditativo. E foi neste estado de consciência que ele venceu o anjo da morte e renasceu para uma nova vida.

O 15º código bíblico revela: morrer sem perder a vida é uma possibilidade rara ao ser humano, o renascimento para uma existência desperta, quando deixamos o ego morrer para dar nascimento a um ser essencial, puro, que veio ao mundo para viver a vida em todas as suas possibilidades.

16. O DESPERTAR

"Não, Jacob não será mais teu nome, senão Israel, pois lutaste com o anjo e venceste." (Gênesis 32:2)

8ª Porção — Vayishlach

Foi no silêncio do deserto que Jacob recebeu do Eterno seu novo nome: Israel. Uma palavra codificada. No original em hebraico, a palavra "Israel" (ישראל) pode ser dividida em Iesh + Rael (יש ראל), significando "Há 231". Essa é a base de uma meditação milenar: a meditação dos 231 caminhos. Uma meditação é capaz de atrair grandes milagres. Foi nesse círculo que Jacob se tornou iluminado e ganhou um novo nome.

A iluminação é um momento glorioso, quando o ego sai e surge o novo ser desperto. Morre a ilusão e floresce algo inteiramente vivo. Se você começar a dizer sim à vida, a cada pequeno momento, a cada agora, a despedida final deixará de ser temida. Esse é o segredo. Trazendo consciência à vida, você a torna intensa e radiante.

Esse é o grande diferencial do ser iluminado, ele não "tem muito", pois isso implica um estado de falta, de que algo ainda pode ser acrescentado ou mesmo perdido. Ele "tem tudo", porque o momento por si só é divino. Assim, em comunhão com o divino, a vida se torna radiante.

O 16º código bíblico revela: o despertar muda o cenário e transforma a visão. Quando acordamos dos sonhos e ilusões, percebemos que temos tudo que necessitamos para o caminho de uma vida significativa.

17. O SEGREDO DA DETERMINAÇÃO

"Do homem que possui estes pertences; o anel-selo, o manto e o cajado; eu concebi." (Gênesis 38:25)

9ª Porção — Vaieshev

A Torah traz aqui o segredo da determinação de José, em um episódio codificado. Judá, irmão de José, tinha três filhos. Casou o primeiro com uma moça chamada Tamar e ele morreu. Então casou o segundo filho com Tamar, e ele também morreu. Com medo de que ela estivesse com uma maldição, ele evitou a união do seu terceiro filho com a viúva.

O tempo passou e ela se revoltou por não ter sido oferecida ao terceiro filho; e, assim, se disfarçou de rameira em uma encruzilhada. Ali seduziu Judá, que, sem reconhecê-la, lhe entregou uma penhora, os três objetos que ele carregava: um anel-selo, um manto e um cajado.

Esses três objetos, codificados, trazem o segredo da determinação e foco de José: o anel-selo serve para lembrarmos da importância do pacto, a importância de um propósito maior; o manto representa a proteção divina, a percepção de que nunca estamos sós, e o cajado, objeto vertical, simboliza estarmos de pé diante dos desafios.

> O 17º código bíblico revela o segredo da determinação e do foco de José: um propósito maior, a percepção do manto que nos protege e sempre nos mantém de pé diante dos desafios, lembrando que as provações são também oportunidades para lapidar a alma.

18. A ENTREGA

"Longe de mim, Deus é que há de dar uma resposta ao Faraó!"
(Gênesis 41:16)

10ª Porção — Mikêts

José passou 12 anos no cárcere, tempo em que ele fez fama como mestre dos sonhos. Agora era convocado pelo faraó, que tivera um sonho para o qual as interpretações de seus magos não o convenceram. "O Faraó sonhou e chamou a José e fizeram-no sair do cárcere." (Gênesis 41:14)

A ele era oferecida uma oportunidade única para a sua liberdade. Mas José estava tranquilo, sabia de onde vinha sua força. Quando o faraó lhe elogiou, enaltecendo sua maestria na interpretação dos sonhos, ele respondeu: "Longe de mim, Deus é que há de dar uma resposta ao Faraó!". Uma resposta iluminada, pois José sabia que era apenas um instrumento a serviço de algo maior. Fazia sempre o seu melhor, mas deixando os méritos à verdadeira força que o conduzia.

Ele interpretou o sonho, conquistou a confiança do faraó, que o nomeou governante do Egito. Vendido como escravo, assediado, caluniado, preso injustamente, ele jamais esmoreceu. Não se desesperou diante das provações da vida, e foi assim que, de prisioneiro, ele se tornou primeiro-ministro.

> O 18º código bíblico revela: somos apenas instrumentos. Podemos abrir mão do controle excessivo e entregar nossa vida à luz onipresente. Não podemos controlar tudo, mas podemos trabalhar, confiar e entregar.

19. O PERDÃO

> "José mandou 20 jumentos carregados para Jacob. Ao ver os carros que José mandara para ele, o espírito de Jacob reviveu."
> (Gênesis 45:23)

11ª Porção — Vayigásh

Após sete anos de fartura, a fome se alastrou por toda a Terra. Quando os irmãos chegaram ao Egito, não reconheceram José, afinal, 22 anos tinham se passado desde que se viram pela última vez. Mas José os reconheceu e decidiu colocá-los à prova, aplicando duros testes para saber se tinham corrigido o caráter perverso da juventude.

Ele então levantou sua voz em choro e disse aos seus irmãos: "Eu sou José." Quando descobriram sua real identidade, os irmãos choraram, em um misto de dor e medo, enquanto ele os abraçou e beijou. Eles estranharam, sabiam o que haviam feito, vendendo-o como escravo. Mas José não queria se apegar aos erros do passado, preferiu focar no amor.

Já em paz com os irmãos, José enviou presentes ao pai, Jacob, por meio de 20 jumentos. O número 20, em hebraico, é representado pela letra Caf (כ), e fala do sistema de causa e efeito, cuja compreensão é primordial no caminho do despertar interior.

O 19º código bíblico revela: as sementes às vezes demoram mais, às vezes, menos, mas um dia elas brotam e florescem. Leve perdão e amor ao mundo, e o mundo retornará perdão e amor para você.

20. O NÃO JULGAMENTO

"Acaso estou eu no lugar de Deus?" (Gênesis 50:19)

12ª Porção — Vaichi

A última porção do livro de Gênesis traz de volta o patriarca Jacob, em um discurso profético na sua despedida deste mundo. Ele aqui define as "12 tribos de Israel", mas vai muito além do literal.

Quando Jacob morre, os irmãos de José vão a ele, temerosos, acreditando que serão punidos por toda a maldade que fizeram. O pai não vivia mais, ele poderia se vingar. Engano deles: emocionado, José chora e questiona: "Acaso estou eu no lugar de Deus?" (Gênesis 50:19)

Ele era um mestre iluminado, conhecia a lei de causa e efeito que rege este mundo. Não cabe a nós julgar. Sempre que fazemos isso, perdemos o foco do bem maior e entramos em uma vibração mais baixa. Para que julgar as pessoas ou as situações?

O 20º código bíblico do livro de Gênesis revela: quanto menos julgamos o próximo, mais a alegria nos dá as boas-vindas. A alegria é um ingrediente essencial no caminho do despertar interior.

LIVRO 2

Êxodo

99 códigos da Torah

21. A REVELAÇÃO

"Eu sou o que sou!" (Êxodo 3:14)

13ª Porção — Shemot

Na busca pela sobrevivência do recém-nascido Moisés, sua mãe deixa-o em uma pequena cesta às margens do rio Nilo. A filha do faraó o encontra e cria Moisés como membro da família real. Ele cresce no palácio, até que um dia resolve sair para ver o que se passa lá fora. Ao assistir a um hebreu escravizado sendo surrado por um guarda egípcio, intervém para defendê-lo e acaba matando o guarda. Por isso, precisa se afastar.

Durante o exílio, Moisés vive em uma cidade vizinha. Lá ele recebe sua grande revelação divina, diante de uma sarça ardente, que, mesmo em brasas, mantém-se ilesa. Diante da sarça, Moisés pergunta a Deus: "Qual o seu nome?" O Eterno responde: "Ehier Asher Ehier", que significa "Eu sou o que sou".

Um nome que revela a necessidade de nos tornarmos mais meditativos. Foi nesse estado de espírito que Moisés enxergou o milagre. Ele poderia ter passado apressado pela sarça, tinha muitas ovelhas para cuidar, mas se permitiu parar, contemplar e, assim, lá estava Deus, esperando por ele.

O 21º código bíblico revela: precisamos fazer o nosso melhor, mas ainda assim não controlamos o curso dos acontecimentos. "Eu sou o que sou" é um nome de grande sabedoria, nos ensina a aceitar o momento presente em todas as suas possibilidades. Esse é o tempo da vida.

22. A CONFIANÇA

"Eu estarei contigo." (Êxodo 6:6)

14ª Porção — Vaerá

Moisés recebe uma árdua missão: ir ao faraó exigir a liberdade de seu povo. Ele reluta e argumenta: se o próprio povo não escutara seu chamado, como iria o faraó escutar? Mas o Eterno simplesmente lhe responde: "Eu estarei contigo!"

É um momento-chave, propício a grandes reflexões. A começar pelos personagens antagônicos: Moisés e o faraó. Moisés é uma palavra-código, que referencia a alma superior. Aquele que percebe a presença divina, que abandona luxos em função de uma vida significativa. O Egito também é uma palavra-código, território de feitores e pessoas escravizadas, comandado pelo apego. É o reino do "faraó", em que a conexão com a luz se perde.

É preciso reconhecer que não controlamos tudo e que o faraó interior pode crescer a qualquer momento. Por isso, precisamos da força maior, a mesma que guiou Moisés. Uma força de vibração elevada, reparadora e curativa, como aquela que falou a ele: "Eu estarei contigo!"

O 22º código bíblico revela: os obstáculos estarão sempre presentes, precisamos de uma força maior. Guiados por ela, podemos superar todas as dificuldades da vida e jamais perder o propósito de uma vida focada no despertar.

23. AS PORTAS

"Por volta de meia-noite sairei por todo o Egito e morrerá todo primogênito na terra do Egito." (Êxodo 11:4)

15ª Porção — Bô

As três últimas das dez pragas do Egito são anunciadas nesta porção. A oitava: "Estende tua mão sobre a terra do Egito, pelo gafanhoto, e que suba sobre a terra do Egito, e coma toda a erva da terra." (Êxodo 10:12)

A praga dos gafanhotos cessou, o faraó voltou atrás e uma nova praga foi anunciada: "Estende sua mão aos céus, e que haja escuridão sobre a terra do Egito." (Êxodo 10:21)

A praga da escuridão cessou e o faraó novamente voltou atrás em libertar o povo de Moisés. Então, a décima praga foi anunciada: "Por volta de meia-noite sairei por todo o Egito e morrerá todo primogênito na terra do Egito." (Êxodo 11:4)

O tema da primogenitura é codificado. Seria muito perverso se algo assim fosse literal. O anjo da morte passou pelo Egito, mas não atacou as casas dos hebreus, porque estas estavam protegidas nos umbrais. Esse é o grande ensinamento: a proteção das portas. A cada escolha que fazemos, abrimos e fechamos portas. Compreender isso pode ser de grande valia.

O 23º código bíblico revela: as energias entram pelas portas que abrimos. Há grande sabedoria em fechar portas para a sombra e abrir portas para a luz.

24. O SER CONTEMPLATIVO

"O Eterno por vocês lutará, mas vocês devem permanecer quietos." (Êxodo 14:14)

16ª Porção — Beshalách

Diante da décima praga, o faraó promete libertar os hebreus. Partem 600 mil, mas não tarda, ele se arrepende e parte à caça deles. Os hebreus marcham confiantes, até que surge um grande impasse: ao olhar para um lado, o intransponível mar Vermelho; ao olhar para o outro, o exército egípcio. Estavam encurralados. O que fazer? Diante desse dilema, Moisés se afasta e procura orientação divina. Quando retorna, transmite o recado: "O Eterno por vocês lutará, mas vocês devem permanecer quietos." (Êxodo 6:8)

"Permanecer quieto" é a essência do comportamento contemplativo. Foi o que possibilitou a Moisés receber a revelação de Deus quando, muito tempo antes, ele se permitiu parar e observar a sarça em brasa que não se consumia.

No comportamento contemplativo, você evita a reação impulsiva e injeta luz na situação. Essa é a mensagem aqui, mesmo diante de uma dificuldade tão extrema. Moisés contrai e entra em profundo estado meditativo. Quando abre os olhos, o mar se abre.

O 24º código bíblico revela: o comportamento contemplativo cria um receptor para o milagre. Ao injetar luz em nossas ações, cresce muito a possibilidade de sucesso em harmonia com a luz que nos guia.

25. O MILAGRE

"E estendeu Moisés sua mão sobre o mar e levou o Eterno o mar, com um forte vento do oriente, durante toda a noite, e fez do mar terra seca, e foram divididas as águas." (Êxodo 14:21)

16ª Porção — Beshalách

Os hebreus atravessam o mar em uma narrativa toda codificada. Para decifrar os códigos ocultos no episódio da abertura do mar, precisaremos recorrer ao texto original, escrito na língua hebraica.

No texto original, ao contar o número de caracteres dessas três frases, descobrimos que cada uma delas tem exatamente 72 letras. O momento mais marcante de todo o texto da Bíblia é descrito em três versículos com número idêntico de caracteres. Não acontece em nenhum outro lugar na Torah.

Esses três versículos revelam uma intrigante fórmula espiritual e a identidade dos 72 anjos que governam a nossa vida. São 72 canais de recepção de energia, cada um governado por um anjo.

O 25º código bíblico revela: ao nos conectarmos com as energias angelicais, abençoamos nossos canais de luz e descobrimos que o caminho da realização acontece muito mais dentro do que fora de nós.

26. EU SOU O ETERNO

"Eu sou o Eterno teu Deus." — **Primeiro Mandamento**
(Êxodo 20:2)

17ª Porção — Yitró

Este é o primeiro dos dez mandamentos. Nos lembra que Deus está em todos os momentos e lugares. Uma célula parece pequena, mas é de complexidade infinita. A existência é magnânima, e o que somos nós diante do infinito? Um fragmento, quase imperceptível. Ainda que você seja rico, famoso, reconhecido mundialmente, coloque-se diante da magnitude do espaço e do tempo.

Todos nós podemos partir deste mundo a qualquer momento e, de material, não sobrará nada: beleza, títulos, patrimônio, tudo se esvai. É tudo tão grandioso.

O primeiro mandamento nos lembra da importância de retirarmos o foco de tantas questões supérfluas do mundo e nos entregarmos à presença maior, que protege e conforta. É a luz que nos guia rumo à terra prometida.

> O 26º código bíblico, também o primeiro mandamento, nos ensina a tirar o foco dos pequenos assuntos do mundo perecível para nos entregarmos à presença maior que protege, conforta e nos guia no caminho de uma vida significativa.

27. NÃO FARÁS IDOLATRIA

"Não farás idolatria." — **Segundo Mandamento (Êxodo 20:4)**

17ª Porção — Yitró

O segundo mandamento dá grande atenção ao tema da idolatria. Mais do que construir uma estátua e adorá-la, a idolatria é confundir o receptor com o emanador. O emanador é a fonte original da luz. Após o Big Bang, foram criados incontáveis objetos físicos, até o surgimento da vida, todos receptores da luz maior: seres humanos, animais, vegetais, tudo que existe é um receptor para a luz divina.

Podemos nos utilizar dos objetos materiais deste mundo, mas precisamos tomar cuidado ao acreditar que eles têm poder. E não são apenas os objetos materiais os focos de idolatria: podem ser também relacionamentos, títulos, posição social, patrimônio, até mesmo a conexão com os anjos.

Essa é a profundidade do segundo mandamento. Desfrute dos objetos da vida, mas lembre-se de que são ilusórios; não se identifique demais com eles. Seja qual for o tamanho do seu sucesso, lembre-se de que ele é muito pequeno perto da luz que nos ilumina.

> O 27º código bíblico, também o segundo mandamento, revela: qualquer que seja o objeto deste mundo — físico, emocional ou mental —, só se torna abençoado quando você enxerga nele a luz de Deus.

28. NÃO JURARÁS EM VÃO

"Não jurarás meu nome em vão." — Terceiro Mandamento
(Êxodo 20:07)

17ª Porção — Yitró

O terceiro mandamento ressalta nossa responsabilidade com o uso dos nomes sagrados. Existem práticas de grande profundidade envolvendo esses nomes, mas, para surtir efeito, elas precisam ser realizadas com grande atenção, pois cada palavra pronunciada é de suma importância.

A Torah é composta de cinco livros. Os dez mandamentos surgem no segundo livro, conhecido como Êxodo, que originalmente, em hebraico, é "Shemot", cuja tradução é "Nomes". Nele acontecem milagres como a abertura do mar, os dez mandamentos, a comida que cai do céu (o maná), todos relacionados com a evocação de nomes sagrados.

Acontece também quando você entra no templo repleto de negatividade e começa a orar. Mesmo que sejam orações sagradas, não fazem efeito se pronunciadas fora do estado de espírito apropriado. Por isso, disse Jesus: "Antes de entrar no templo, perdoe."

O 28º código bíblico, também o terceiro mandamento, revela: nomes sagrados, orações, salmos e todas as outras ferramentas espirituais devem ser utilizadas com pureza de alma, com a consciência desperta e a intenção de levar luz ao mundo. Assim se cria um veículo para a comunicação com o sagrado.

29. SANTIFICARÁS O SÉTIMO DIA

"Santificarás o sétimo dia." — **Quarto Mandamento**
(Êxodo 20:08)

17ª Porção — Yitró

O quarto mandamento ensina sobre a importância do sétimo dia. O poderoso ciclo de sete dias tem íntima relação com o movimento da lua. É dessa divisão que nasce também um conceito universal nos caminhos espirituais e religiões: um dia santificado, uma oportunidade para parar e contemplar, para somente depois começar um novo ciclo.

No calendário antigo, o sétimo dia começa na sexta-feira ao anoitecer e termina no sábado ao anoitecer. A religião católica, criada após Jesus, transferiu o dia santo para o domingo, mas manteve a sua importância.

Sustento e sobrevivência no mundo material podem demandar grande energia, mas também precisamos parar e lembrar da nossa essência. Por isso, a prática do shabat é tão luminosa. Em ao menos um dia na semana, você deixa de ser produtivo — para e contempla — e descobre a preciosidade de uma vida com paz e alegria.

> O 29º código bíblico, também o quarto mandamento, nos ensina a entregar a cada semana um dia inteiro à profundidade de nossa existência. Uma oportunidade de parar e reavaliar, para somente depois recomeçar.

30. HONRARÁS PAI E MÃE

"Honrarás pai e mãe." — Quinto Mandamento (Êxodo 20:12)

17ª Porção — Yitró

O quinto mandamento ensina que devemos ser gratos pelas nossas origens. Para os que tiveram pais afetuosos, é de simples compreensão, mas, para os demais, pode ser mais complexo. É fato que algumas pessoas mantêm uma relação melhor com seus pais e outras têm mais dificuldades. Seria possível agradecer mesmo nas condições mais adversas?

Nossos mestres afirmam que sim, porque Deus nos dá tudo que precisamos para o nosso aprimoramento espiritual. Se temos adversidades, é porque precisamos delas para nos corrigir e prosseguir no caminho da luz.

Esse é o espírito do agradecimento. Devemos agradecer mesmo pelas dificuldades, porque elas nos ajudam a desenvolver humildade, compaixão, e nos tornam pessoas melhores.

> O 30º código bíblico, também o quinto mandamento, revela: a gratidão é uma grande chave. Devemos expressar nossa gratidão para todos aqueles que nos ajudaram a chegar até o presente momento de nossa trajetória. Pais, amigos, mestres. É preciso honrar aqueles que cuidaram de nós.

31. NÃO MATARÁS

"Não matarás." — **Sexto Mandamento (Êxodo 20:13)**

17ª Porção — Yitró

"Não matarás" é um mandamento de grande profundidade. A começar pela interpretação literal, já que ninguém deve tirar a vida de outro.

O código deste mandamento alerta sobre uma energia especialmente perigosa: o anjo da morte. Ele pode não apenas tirar uma vida, mas também deteriorar a saúde ou o estado mental de uma pessoa. Todo anjo é uma energia, e existem formas pelas quais ele é atraído. A palavra negativa, em especial, atrai essa energia de mortificação.

Assim aparece logo no início da Torah: "E disse Deus: seja luz." Um único pronunciamento deu origem a toda a criação. No entanto, quando a palavra é utilizada negativamente, ela provoca danos na alma. Falar para alguém sobre aspectos negativos de outra pessoa, se lamentar e ouvir a maledicência do outro são formas de atrair negatividade, esse é o segredo por trás de "não matarás".

O 31º código bíblico, também o sexto mandamento, nos ensina a combater a energia negativa, em especial a que se instaura dentro de nós. Ao aprimorar a qualidade de nossas palavras, nossa vida se transforma de maneira muito positiva.

32. NÃO ADULTERARÁS

"Não adulterarás." — Sétimo Mandamento (Êxodo 20:14)

17ª Porção — Yitró

O adultério aqui mencionado fala dos perigos envolvidos com a quebra de um pacto, seja em um casamento, em uma relação de amizade, ou mesmo no caminho espiritual.

Duas pessoas decidem se casar e, diante de uma egrégora, compactuam palavras e ritos, jurando permanecerem juntos "até que a morte os separe". Veja a profundidade do pacto realizado.

O caminho espiritual também pede um pacto. Você recebe uma unção, é iniciado no caminho, guiado por um mestre. Se um dia desejar deixar tal caminho, é importante fazer de uma maneira apropriada, para que a quebra do pacto não traga dificuldades energéticas.

Uma questão-chave aqui é o propósito. Pacto e propósito são duas palavras intimamente ligadas. Mais importante que o pacto em si é o propósito que o move.

> O 32º código bíblico, também o sétimo mandamento, nos pede um cuidado especial com tudo aquilo que compactuamos. Quanto mais o pacto estiver imbuído de compartilhar, maior a tendência de que ele seja luminoso e duradouro.

33. NÃO ROUBARÁS

"Não roubarás." — Oitavo Mandamento (Êxodo 20:15)

17ª Porção — Yitró

Ainterpretação literal deste mandamento é verdadeira, pois sabemos que não é correto nos apropriarmos daquilo que é do outro. Mas vamos além para revelar a luz do código bíblico.

No mundo do poder, frequentemente as pessoas se envolvem em grandes desvios, e todos sabem o quanto tal ação é abominável; mas a Torah nos alerta também para os perigos dos roubos menores, quase imperceptíveis, algo que não é seu, mas de que você se apropria. Esse tipo de delito é perigoso, porque pode muitas vezes passar despercebido.

A Torah reforça aqui a necessidade de contínua atenção à integridade, para que nossa energia não seja roubada, a mesma energia que pode ser utilizada em nome do amor, da sabedoria, do sagrado.

O 33º código bíblico, também o oitavo mandamento, revela: uma persistente atenção é necessária para fecharmos as portas para a negatividade e nos mantermos íntegros no caminho da luz.

34. NÃO DARÁS FALSO TESTEMUNHO

"Não darás falso testemunho." — **Nono Mandamento**
(Êxodo 20:16)

17ª Porção — Yitró

O nono mandamento carrega a força do número da verdade: nove. Mentiras arrancam nossa força espiritual — esse é um preceito da cabala, do hinduísmo, do judaísmo, do cristianismo, do espiritismo, do budismo, de todos os caminhos espirituais.

Quase todos compreendem intuitivamente que devemos evitar grandes mentiras, devido ao seu impacto negativo e ao desvio do caminho da integridade. O que poucos sabem é que as pequenas mentiras também têm um preço demasiadamente alto: a perda do milagre. O universo apoia os que buscam de forma contínua e determinada a verdade.

Moshe Chaim Luzzatto, nascido no século XVII, foi um místico raro na história da humanidade. Ele se comunicava com um anjo mestre. Esse homem santo escreveu um livro fundamental, falando sobre integridade, ética, refinamento de caráter. Muitos se surpreenderam, esperavam que ele fosse escrever sobre a comunicação com os anjos, receitas mágicas, mas seu foco estava voltado para as virtudes da alma.

O 34º código bíblico, também o nono mandamento, nos ensina a eliminar as mentiras. Começando com as grandes, depois as médias, então as mínimas, até o ponto em que também nos tornamos fazedores de milagres.

35. NÃO COBIÇARÁS O QUE É DO TEU PRÓXIMO

> "Não cobiçarás o que é do teu próximo." — Décimo Mandamento (Êxodo 20:17)

17ª Porção — Yitró

O mundo moderno propicia acesso às informações, mas também estimula a ganância. A maioria das pessoas não tem condição de ter os melhores carros, casas, e passam a desejar e sofrem por não terem o que somente alguns poucos podem adquirir.

Isso não invalida o direito que temos de sonhar. Se você sonha em crescer profissionalmente, não há nada de errado nisso. O problema aparece quando você precisa derrubar alguém por esse sonho ou perde o momento presente devido a ele. Até porque, no final, deixamos este mundo da mesma maneira que chegamos nele, com as mãos vazias.

Cada ser vivo é um florescimento único. Seja humano, animal, vegetal, nunca houve na história dois seres idênticos. Portanto, quando deixamos a comparação e utilizamos a mesma energia para agradecer e desfrutar a vida, uma grande bênção surge: um sopro de paz de espírito.

> O 35º código bíblico, também o décimo mandamento, revela: para que tanta comparação? Que sentido faz nos compararmos com os demais seres do mundo? É melhor colocarmos o foco de nossa atenção nas boas energias que alimentam o nosso caminhar e nutrem a nossa alma.

36. O CAMINHO DOS JUSTOS

"Se um homem devasta um campo ou uma vinha, ele paga com o melhor de seu campo, com o melhor de sua vinha."
(Êxodo 22:4)

18ª Porção — Mishpatim

O Eterno estabelece para Moisés uma série de leis complementares aos dez mandamentos. A leitura literal dessas leis cairia em muitas contradições. Por isso, precisamos revelar cada ensinamento oculto por trás do texto aparente. Agora é enfatizada a importância da integridade.

A natureza exerce sobre cada pessoa uma forte atração que a puxa para baixo. Isso se deve à materialidade que caracteriza a essência terrena e que afasta o homem do desejo de se esforçar para se elevar. Precisamos nos fortalecer contra nossa própria natureza e manter nosso propósito maior sempre vivo.

Uma grande atenção é necessária. Nossos mestres explicam que os delitos "leves", por serem pequenos, podem ser piores que os grandes, já que nos levam à ideia de que pequenas coisas não importam. Mas os detalhes fazem grande diferença.

O 36º código bíblico revela: a integridade é o combustível do milagre, ponto de interseção entre grandes mestres. O universo apoia o caminho dos justos.

37. AS CHAVES DO TEMPLO

"E construirá um candelabro de sete braços de ouro puro."
(Êxodo 25:31)

19ª Porção — Terumá

A Torah detalha a construção do tabernáculo, local em que eram realizados os rituais e a arca da aliança, que guardava os objetos sagrados para a realização deles.

Mais que a construção de um templo externo, como uma igreja ou sinagoga, o texto fala de um templo que nós construímos intimamente: nossa casa, nossa família, nosso trabalho e até mesmo nosso corpo são importantes santuários para a moradia do sagrado.

No detalhamento da construção do tabernáculo se destaca o candelabro de sete braços, chamado Menorá. Cada uma das sete velas da Menorá se relaciona a um tema, e juntas elas apontam o caminho do despertar:

A 1ª chama é do amor. A 2ª chama é da disciplina. A 3ª é associada à meditação. A 4ª chama é a da permanência. A 5ª chama é a do refinamento. A 6ª é a do propósito. E a 7ª chama fala da responsabilidade que temos perante nossas escolhas.

O 37º código bíblico revela sete palavras-chave para a construção de nosso templo interior. E, ainda que a Menorá seja acesa apenas em um único dia no ano, podemos todos os dias reforçar as virtudes que iluminam o caminho do despertar interior.

38. A LUZ ETERNA

"Ordenarás aos filhos de Israel que tragam azeite puro de oliveira, batido, para o candelabro, para que haja lâmpada acesa continuamente." (Êxodo 27:20)

20ª Porção — Tetsavê

Sabemos que é bem mais fácil iniciar um novo amor do que manter a paixão acesa. A mesma ideia vale para uma profissão e para o caminho espiritual. A empolgação inicial será testada e colocada à prova pelo tempo. A Torah aqui revela um tripé de virtudes que sustentam a luz que nunca se apaga.

A primeira delas é a gratidão. Uma pessoa descontente dá um comando para a alma de que não recebe o suficiente e, por isso, não há motivo para ficar feliz. A alma interpreta esse comando e devolve mais tristeza a ela. Já para outra pessoa que consegue tirar satisfação das coisas mais simples do dia a dia, a alma devolve um estado de plenitude.

A segunda virtude é a humildade. O nome de Moisés, autor da Torah, não aparece nesta porção. Em todo o livro de Êxodo, é a única porção em que ele não aparece. A humildade atrai a força miraculosa do divino.

A terceira virtude é o entusiasmo. Precisamos lembrar de nossa tarefa grandiosa de levar luz ao mundo.

> O 38º código bíblico revela três virtudes grandiosas que mantêm uma luz permanente iluminando o caminho do despertar: agradecimento, humildade e entusiasmo.

39. O BEZERRO DE OURO

"Moisés queimou o bezerro que fizeram, queimou-o no fogo e moeu, até que se desmanchou em pó e espalhou sobre a superfície das águas e os fez beber das águas amargas." (Êxodo 32:20)

21ª Porção — Ki Tissá

Moisés subiu o monte Sinai. Ele havia avisado que retornaria em 40 dias e 40 noites. Passado esse tempo, o povo hebreu se desesperou. Não haviam entendido que faltavam poucas horas. Impacientes, pediram a Aarão para construir um bezerro de ouro, uma força espiritual para a adoração.

Horas mais tarde, Moisés retornou com as duas tábuas da lei nas mãos. Quando se deparou com o povo em volta da estátua, quebrou as duas tábuas da lei no chão. Qual seria o recado oculto nesse marcante episódio do bezerro de ouro?

Um primeiro aspecto é que eles presenciaram milagres imponentes e, ainda assim, perderam a fé na força divina. Outra questão é: idolatria é confundir emanador com receptor. Toda a luz de nossa vida vem de Deus, é importante manter isso em mente. Há ainda um terceiro aspecto: a impaciência. Faltavam apenas três horas para Moisés chegar.

Moisés derreteu o bezerro na água, fazendo-os beber de águas amargas, uma alegoria ao arrependimento necessário para que possamos restituir a negatividade criada.

O 39º código bíblico revela: diante dos obstáculos da vida, não devemos nos desesperar. É preciso paciência e foco na luz que nos guia.

40. A DEDICAÇÃO

"Tudo o que ordenou o Eterno a Moisés." (Êxodo 38:22)

22ª e 23ª Porções — Vaiac'hel e Pecudei

Este código fala da importância da dedicação em nosso caminho de vida. É repetida exatas 19 vezes a mesma frase em uma mesma porção da Torah: "Tudo o que ordenou o Eterno a Moisés."

A dedicação é o segredo do sucesso, mas é preciso compreender o que é o sucesso e o que é o fracasso sob uma perspectiva espiritual. Sucesso é o que nos aproxima de Deus; fracasso é o que nos afasta.

Sob essa perspectiva, compreendemos que uma pessoa humilde e desconhecida pode ter muito mais sucesso que outra, rica e poderosa, por ter uma vida em paz e harmonia com a família, com o trabalho, com o ato de compartilhar.

A disciplina é um grande diamante da realização, podermos permanecer focados em nossos propósitos, mesmo quando tudo parece estar dando errado. Fazemos isso pela lembrança de que temos um propósito maior que o simples exercício da sobrevivência.

O 40º código bíblico revela: trabalhe sua consciência física, mental e espiritual. Exercícios físicos, boa alimentação, respiração consciente, meditação, estudo focado, companhias construtivas. Uma grande dedicação é necessária no caminho de uma vida significativa.

LIVRO 3

Levítico

99 códigos da Torah

41. A APROXIMAÇÃO

"Quando fizer oferta de manjares ao Eterno, sua oferta será de flor, de farinha; nela deitará azeite." (Levítico 2:1)

24ª Porção — Vayicrá

Aqui se inicia o terceiro livro da Torah, chamado Levítico. Diferentemente dos dois primeiros livros, cujos aspectos literais podem ser instigantes, inspirando até mesmo dramaturgias, agora entramos no livro do sacerdote, inteiramente codificado.

Flor, farinha e azeite são ingredientes simbólicos que representam três etapas da vida humana. Nossos relacionamentos, projetos, vida profissional, todos passam por três etapas. A flor é relacionada à vitalidade da planta. A farinha você remói, revive. O azeite nasce da oliveira, exige refinamento, um tempo de maturação.

A primeira etapa, simbolizada pela flor, fala da empolgação, da paixão inicial, que, como sabemos, não perdura para sempre. A segunda etapa, a farinha, está ligada aos 40 anos no deserto, em que os obstáculos invariavelmente estarão presentes. A paixão e a inspiração iniciais são duramente testadas nessa fase. O desafio é chegar à terceira etapa, representada pelo azeite, um retorno à inspiração inicial, com mais refinamento e menos dependência do externo.

O 41º código bíblico revela uma oferta e ingredientes repletos de simbolismo para que sejamos capazes de parar e lembrar da importância da aproximação do sagrado no caminho do despertar.

42. OFERTA DE PAZ

> "Se a oferta for sacrifício pacífico, se a fizer de gado, seja macho ou fêmea, deve ser oferecida sem defeito diante do Eterno." (Levítico 3:1)

24ª Porção — Vayicrá

Este código bíblico é iluminado por dois aspectos em especial. O primeiro é o "sacrifício pacífico". Você faz uma oferta pacífica quando prioriza seu tempo, se permite parar os afazeres e oferecer sua energia para orar e vibrar pela paz. Mas existem também outras formas de fazer uma oferta de pacificação. Por exemplo, diante de uma discussão, mesmo achando estar certo, você pode abrir mão da última palavra para pacificar um relacionamento. Essa é uma bonita oferta de pacificação.

O outro aspecto da oferta é o sacrifício sem defeitos. Acorde, faça uma oração pela paz, mas faça inteiro, não faça apressado, porque a intenção e o estado de espírito são ainda mais importantes do que as palavras pronunciadas. Por isso a oferta "sem defeitos". As pessoas costumam dizer: "quero paz na minha vida, quero paz no mundo." No entanto, é preciso haver uma real dedicação nesta direção.

O 42º código bíblico revela: para uma oferta de paz, mais importantes que os detalhes técnicos são uma mente disciplinada e um coração puro. Estes são ingredientes essenciais no caminho de uma vida plena.

43. A MAGIA DO SETE

"Aspergiu sete vezes o óleo sobre o altar, ungindo o altar e todos os seus utensílios para consagrá-los." (Levítico 8:11)

25ª Porção — Tsav

O óleo simboliza o estágio do refinamento e a necessidade de superarmos os obstáculos da vida para retornar a um estágio original, descrito na criação como o dia um: a vida em plenitude. O refinamento é essencial para que a oferta não seja mecânica, e sim guiada pelo despertar interior.

Mas não bastava aspergir; era necessário fazê-lo sete vezes. O número sete aparece em toda a Torah, especialmente nesse livro. Por que essa força do sete?

Porque o ciclo do sete é intrínseco à vida humana, vai além da mente racional, por isso se tornou padrão para as religiões, calendários e caminhos. A semana é composta de sete dias, os ciclos da lua mudam a cada sete dias, a criação divina se deu em sete dias (simbólicos). É preciso proteger cada ciclo, mas também lembrar a importância de "parar".

Este é o propósito do sétimo dia: interromper os inúmeros afazeres do dia a dia para lembrar que Deus não é uma coisa, mas sim um espírito, muito mais ligado ao tempo do que ao espaço.

> O 43º código bíblico revela: quando tiramos o foco dos objetos do espaço e lembramos que o tempo é o senhor da vida, ganhamos energia extra para uma conexão mais profunda com a luz que nos guia.

44. A PURIFICAÇÃO

"E não morrereis, porque assim me foi ordenado."
(Levítico 8:35)

25ª Porção — Tsav

Somos seres mortais. Possivelmente, com o avanço da ciência, viveremos centenas de anos no futuro. Ainda assim, no mundo físico, nascimento e morte estão interligados.

A Torah aqui não fala somente da morte final, mas também sobre a morte em vida, que acontece pelos movimentos de falência: palavras destrutivas, sentimentos agressivos, pensamentos obsessivos e diversas outras formas de desconexão. Como combater essa energia que nos impossibilita de ter uma experiência mais gratificante em relação à vida?

A purificação espiritual é uma grande aliada nessa direção. Assim como temos hábitos essenciais à manutenção do corpo físico, necessitamos também de uma rotina para a limpeza espiritual. É preciso largar o excesso de peso. São tantos compromissos, atividades, pensamentos, a mente fica sobrecarregada, e, assim, se perde a conexão com a luz maior.

O 44º código bíblico lembra da importância de combatermos as energias destrutivas pelo fortalecimento de nossas conexões espirituais. "Não morrereis" nos ensina que cada dia de vida traz consigo uma oportunidade para a paz, a alegria, a generosidade e uma maior aproximação do sagrado.

45. ALIMENTOS SÃO ENERGIAS

"Não comereis dos que ruminam e têm o casco fendido. De sua carne não comereis e seu cadáver não tocareis." (Levítico 11:4)

26ª Porção — Sheminí

Todos os caminhos espirituais têm regras e prescrições sobre alimentação. Primeiramente, devido aos aspectos físicos, já que nossas células precisam se alimentar todos os dias. O ditado "você é o que você come" não sobreviveu aos anos à toa, já que, de fato, grande parte do que somos é resultante de nossa alimentação.

Mas vamos além do físico. Os antigos sábios ensinavam que os alimentos são também energias. Quando frutos do mar e carne de porco foram restringidos, foi pela percepção de que o que comemos é assimilado não apenas pelo corpo físico, mas também pelo energético.

Existem alimentos com baixa qualidade de energia e que, consequentemente, contaminam nossa vibração. Fundamentados nesse ensinamento, a Torah nos apresenta uma série de alimentos não indicados, porque baixam o padrão de energia e não ajudam em uma aproximação com o sagrado.

> O 45º código bíblico revela: restrições alimentares são parte integrante dos caminhos espirituais. Elas ajudam a moldar nossa personalidade, sublimar o puro instinto e abrir o campo energético. Seja qual for o seu caminho espiritual, uma nova consciência alimentar é de grande valia no caminho de uma vida significativa.

46. O PODER DA BÊNÇÃO

"Tomai a oferta de manjar e comei-a junto ao altar, porquanto coisa santíssima é." (Levítico 10:12)

26ª Porção — Sheminí

A grande maioria das pessoas não se preocupa em abençoar o alimento. Em geral, come muito rapidamente. Entretanto, a Torah nos ensina que precisamos alimentar tanto o corpo físico quanto o energético.

"Coisa santíssima" faz referência a abençoarmos o alimento que vamos ingerir, criando assim uma proteção energética. É notável que um texto escrito há 3.500 anos por seres humanos primitivos dê atenção especial ao tema da alimentação.

Todos os padrões negativos podem ser quebrados pela bênção. Quando você abençoa a refeição, entra em contato com uma nova qualidade de energia, na qual a negatividade não penetra.

Quando recebemos amorosamente uma visita em casa, ela se sente integrada e retribui o carinho recebido. Da mesma forma, ao abençoar e agradecer o alimento que ingerimos, entramos em um estado de paz com o alimento e com todo o nosso organismo.

O 46º código bíblico revela: a bênção ilumina não apenas o alimento, mas também a nós mesmos, integrando o aspecto físico com o sagrado. Quando você abençoa e agradece, até o sabor do alimento se modifica.

47. ALÉM DAS CASCAS

"O homem que tiver na sua pele inchação, ou pústula... e isto se tornar como praga de lepra, será levado a Arão, o sacerdote."
(Levítico 13:2)

27ª Porção — Tazría

Maimônides, ilustre médico e cabalista que viveu no século XI, ensinava que o nome hebraico desta porção da Torah, "Tazria", não era uma doença de lepra como algumas traduções sugerem. Ele dizia que era uma patologia ligada à desconexão: a doença das cascas.

A doença da desconexão é muito atual. Acontece quando enxergamos as pessoas e o mundo repletos de cascas, esquecendo que o conteúdo é mais importante que a forma. Um jarro de ouro pode ser muito bonito, mas o que realmente importa é o que ele carrega. Assim também é com a vida repleta de cascas, em que as pessoas importantes são exaltadas, mas poder, fortuna e fama são cascas que se desfazem a qualquer momento.

Cascas também se aplicam às situações cotidianas. Você se pergunta: "por que estou passando por isso? não é justo!" Isso também é um reflexo das cascas, porque, se você olhar mais profundamente, descobre qual foi sua participação na construção da própria realidade.

O 47º código bíblico ensina: ao olhar para as pessoas e as situações da vida, precisamos lembrar que, muito mais importante que as formas do aparente, é o conteúdo. Ele é construído através das virtudes da alma.

48. O CONTATO

"Então, o sacerdote sairá da casa e a cerrará por sete dias. Ao sétimo dia, voltará o sacerdote e examinará." (Levítico 14:38)

28ª Porção — Metsorá

O código bíblico anterior mencionou a doença da pele, das cascas. Agora, um novo código traz a cura para essa doença. Trata-se de algo iluminado no texto da Torah: sempre que ela traz um problema, traz também a solução.

A Torah agora traz um remédio para a doença das cascas: o doente fica sete dias isolado. Um isolamento importante, que ajuda na criação de um olhar mais profundo, parte essencial da cura.

Pelo contato pode haver contágio, mas também a cura. Um abraço afetuoso pode transformar por completo nossa energia. Por isso a relação com os animais é tão benéfica para o ser humano, porque não há como trocar intelectualmente com o animal: você o coloca no colo, o abraça. Isso é muito curativo.

Há ainda outro contato muito curativo: o contato com o aqui e agora. Ao colocar nossa atenção no momento presente, os conflitos se dissolvem. Não há negatividade que sobreviva à nossa presença.

O 48º código bíblico revela: um contato mais profundo, seja com o criador, seja com suas criaturas, é especialmente curativo e nos ajuda a lembrar que nunca estamos sós.

49. SANTIFICADOS APÓS A MORTE

"Santificados, após a morte." (Levítico 16:1 e 19:2)

29ª e 30ª Porções — Acharei e Kedoshim

Este código bíblico é derivado da junção dos nomes de duas porções da Torah: "Acharei Mot" e "Kedoshim", que podem ser traduzidas como "santificados após a morte". Ele ensina que costumamos santificar as pessoas somente após a morte.

Poucas pessoas foram reconhecidas em seu próprio tempo, quase todos os mestres espirituais só vieram a ser reconhecidos séculos depois de seu falecimento. A grande maioria das pessoas que viveu no tempo deles não os reconheceu como mestres. Mas, se podemos santificar em vida, por que esperar séculos?

Além disso, não apenas os mestres e santos: precisamos santificar também as pessoas que amamos. Em geral, nos esquecemos disso, e somente depois que as perdemos passamos a lhes dar todo o valor. Precisamos valorizar aqueles que amamos no agora, o tempo da vida.

O 49º código bíblico revela: o momento presente é um milagre. É preciso amar as pessoas como se não houvesse amanhã.

50. RESTRIÇÃO E LUZ

"No 10º dia, da 7ª lunação, violentarei vossos seres."
(Levítico 16:29)

29ª Porção — Acharei

A astrologia lunar é a base do calendário da Torah. Ela se inicia na lua nova de Áries. No sétimo mês acontece a sétima lunação, momento do ano novo cabalístico. Logo após, são dez dias de restrição, que precedem uma fenda espiritual única: Yom Kipur. Neste dia, a Torah nos orienta a "violentar nossos seres".

É imperativo conhecer o código. Em um mundo com tantas dificuldades, ainda precisamos nos violentar? Como já sabemos, a interpretação literal não ajuda. Mas para que tudo isso?

Yom Kipur é o dia do perdão, e a dificuldade em perdoar vem do ego. O ego se alimenta sempre com "mais": mais comida, mais prazer, mas quando você retira o alimento do ego, ele se dissolve. O objetivo, portanto, não é uma autopenitência, mas uma grande purificação. São vinte e quatro horas de purificação, o ego se esvazia e descobre um perdão natural, fruto da elevação da alma e do despertar da consciência.

> O 50º código bíblico revela: não se cresce apenas no conforto, por isso as restrições são importantes, porque ajudam a dissolver o ego e a resgatar nosso ser essencial, de luz, imagem e semelhança de Deus.

51. BONS SENTIMENTOS

"Não odiarás teu irmão em teu coração." (Levítico 19:17)

30ª Porção — Kedoshim

São 348 os preceitos negativos na Torah. Não matar, não roubar, não adivinhar e, neste novo código, "não odiarás teu irmão". Parece óbvio, mas, observando a vida humana ao longo do tempo, percebemos que não é tão simples.

Não se trata apenas de evitar os sentimentos negativos para com seu irmão biológico, mas também seus amigos, familiares e aqueles que caminham ao seu lado. Para eliminar tais sentimentos, é preponderante a compreensão de que todos os seres humanos têm seus movimentos de falência.

Um exercício que ajuda muito é imaginar como ficaria o mundo sem os nossos julgamentos. Será que alguém sentiria falta de nossos veredito sobre certo e errado? O mestre Paramahansa Yogananda dizia: "Olhem para dentro. Não se concentrem na pequena onda do corpo, com suas fraquezas; olhem além disso. Fechem os olhos e verão a vasta onipresença diante de vocês. Deus é a fonte de todas as nossas alegrias. Desperte! Abra os olhos e contemple a vasta paisagem da luz de Deus que se derrama por todas as coisas."

O 51º código bíblico revela: sentimentos negativos são fruto das cascas do mundo material. Encobertos por cascas, não enxergamos a essência do outro. Mas, quando olhamos com mais profundidade, passamos a enxergar a presença de Deus em cada uma de suas criaturas.

52. CICLOS DE PERMANÊNCIA

"Durante três anos será como prepúcio para vós, ele não será comido... No 5º ano comerei seu fruto." (Levítico 19:23)

30ª Porção — Kedoshim

Esta passagem não poderia ser literal. Por que esperar cinco anos para comer um fruto? Um povo que caminha pelo deserto não teria cinco anos para esperar até comer o fruto de uma árvore.

Os cinco anos falam de cinco etapas. O milenar estudo da árvore da vida explica que vivemos em dez dimensões em paralelo, e cada uma delas funciona como uma estação de luz.

A primeira estação é a da escolha: assumir a responsabilidade sobre nossas escolhas. A segunda estação é a do propósito: traz sustentação para vencermos os obstáculos da vida. A terceira estação é a do refinamento: precisamos sempre estar nos aprimorando. A quarta estação é a da permanência: sejam quais forem as dificuldades, você permanece e confia.

Somente na quinta estação encontramos o centro da árvore da vida. "No quinto ano, comerei seu fruto" é uma alegoria que ensina que só conseguimos saborear os frutos da evolução quando encontramos nosso centro e esvaziamos.

O 52º código bíblico revela: são várias as etapas de maturação no caminho do despertar. Quando encontramos o centro, nossa essência silenciosa, começamos a desfrutar de uma vida com paz e alegria.

53. O DOM PROFÉTICO

"Não adivinhareis, não pressageareis." (Levítico 19:31)

30ª Porção — Kedoshim

O dom profético é bem diferente de adivinhação ou presságio. Por isso, um especial cuidado é recomendado quando decidimos consultar um oráculo. É preciso saber se o oráculo é realmente um mestre, se dedica sua vida à espiritualidade e às virtudes da alma. Outra questão de suma importância é: de onde vem a profecia?

Há uma história de um homem que fazia previsões e curava. Todos o consultavam pelos seus dons. Um sábio, intrigado, insiste que ele revele a fonte de seu poder. Ele diz que ambos precisariam jejuar por três dias para purificar o coração. Após três dias, ele leva o sábio a um quarto e diz: "Meu segredo está dentro dessa caixa."

O sábio sente medo e se surpreende quando o homem abre a caixa e mostra o Tetragrama, nome impronunciável de Deus, gravado em um pedaço de couro. Ele pedia curas e o nome sagrado trazia toda a sorte de bênçãos.

O sábio, envergonhado, pensou: "Quantas vezes eu falo o nome de Deus em vão, enquanto esse homem, que pouco sabe sobre os mistérios divinos, o evoca com tamanho fervor e humildade que recebe os mais elevados dons?"

O 53º código bíblico revela: o dom profético deve ser exercido somente por aqueles que têm total comprometimento com o desenvolvimento de virtudes da alma. Mais importante que os poderes mágicos de um ser é seu exemplo de vida e suas boas ações.

54. FENDAS DE LUZ

"Os encontros fixos do Eterno, que proclamareis, serão santas convocações; são estas as minhas festas." (Levítico 23:2)

31ª Porção — Emór

A palavra hebraica para "festa" é a mesma para "fenda". Dentro da espiritualidade, todas as fendas são portas de entrada para dimensões superiores e todas estabelecem um padrão de restrição, pois a restrição gera luz.

Por exemplo, Pessach, a páscoa hebraica, é uma fenda de oito dias. Começa sempre na lua cheia do signo de Áries, e durante oito dias há uma grande restrição alimentar, com a proibição de diversos alimentos fermentados. Há uma explicação espiritual para a privação do fermento.

Na Torah, o Egito simboliza a escravidão e o faraó, seu governante, o ego. Pessach é a saída rumo à terra prometida, dimensão da vida desperta, cujo grande inimigo é o ego. O ego vive pelo "mais", passa a vida construindo pirâmides. Quanto mais dinheiro, fama ou poder tiver, mais precisará ter. É o mundo do "mais". O fermento, na comida, provoca crescimento, daí nasce esta restrição alimentar simbólica.

> O 54º código bíblico revela: fendas espirituais são parte de um calendário mágico, abençoado, que se repete todos os anos, nos ensinando a trocar o ser egoico pelo ser de luz, à imagem e semelhança do criador.

55. ESPAÇO X TEMPO

"Seis dias trabalhareis, mas o sétimo será o sábado do descanso solene, santa convocação; nenhuma obra fareis; é sábado do Eterno." (Levítico 23:3)

31ª Porção — Emór

A cada sete dias, a energia muda, tanto no ciclo lunar, quanto nos ciclos da vida. Por isso, uma nova porção da Torah se inicia sempre no sábado à noite, quando, no calendário antigo, começa a semana. Assim fizeram por todas as semanas de sua vida Moisés, Elias e Jesus. A cada semana, uma nova energia, cujo ápice acontece no sétimo dia, o shabat.

O shabat traz a possibilidade de oferecermos um dia inteiro ao despertar. Duas variáveis são de suma importância aqui: espaço e tempo.

O espaço, porque precisamos de moradia, trabalho, saúde, educação, cumprir nossos compromissos, trabalhar para sobreviver e realizar sonhos. Temos seis dias para isso, mas no sétimo a Torah nos pede dedicação integral ao tempo.

Momentos bem vividos são o propósito mais elevado da vida espiritual. Diferentemente do espaço, o tempo não envolve qualquer "ter". Não podemos ocupar o mesmo espaço, mas podemos viver e compartilhar o mesmo tempo. É no momento presente que encontramos o sagrado.

O 55º código bíblico revela: o tempo é o senhor da vida. Santificamos o sétimo dia para orar, meditar, elevar a vibração e lembrar de quão valiosa é a oportunidade de viver.

56. A CONTRAÇÃO

"E contarei para vós o ômer da movimentação, sete semanas completas serão. Até o dia seguinte contarão cinquenta dias."
(Levítico 23:15)

31ª Porção — Emór

Cinquenta dias se sucedem após a saída do Egito até o recebimento dos dez mandamentos. Nesse momento, se inicia um período de sete semanas de contração denominado contagem do ômer. São sete semanas mais um dia, totalizando 50 dias, até o recebimento dos dez mandamentos. Por que 50 dias de espera?

A Cabala explica que a liberdade autêntica exige contração. Tal ensinamento aparece logo na primeira letra da Torah, Beit, associada à contração. O período de 50 dias pede exercícios e práticas diárias e tem como objetivo central a libertação. No primeiro dia, é feito um jantar à mesa, ritual de Pessach. Nele, cada alimento é abençoado, ingerido de maneira desperta, consciente.

Depois do ritual, são contadas sete semanas de preparo para a libertação do ser superior. Durante esse período, são propostos exercícios diários, envolvendo salmos e meditações. O objetivo é uma intensa purificação para a evolução espiritual, para qual uma boa dose de disciplina é essencial.

> O 56º código bíblico revela: períodos de contração, com mais silêncio, promovem a luz interior. Da mesma forma, práticas diárias disciplinadas trazem força para o nosso caminhar.

57. A CONDIÇÃO HUMANA

"Aos quinze dias deste mês sétimo, será a Festa dos Tabernáculos ao Eterno, por sete dias." (Levítico 23:34)

31ª Porção — Emór

A data aqui citada é a lua cheia de Libra. Ela nos lembra do quanto necessitamos da natureza, pois ela reflete nossa fragilidade no mundo. A proposta de montar cabanas ajuda na lembrança de nossa transitoriedade, já que nada físico perdura para sempre.

A natureza nos traz sobrevivência física e nos tira da prisão da mente. Mergulhados em um mundo de problemas, acabamos por esquecer daquilo que as rochas, as plantas e os animais já sabem: é importante estar presente, aqui e agora. Focalizar a atenção em uma pedra, em uma árvore ou em um animal não significa "pensar neles", mas simplesmente percebê-los, dar-se conta deles. Quando presentes, podemos encontrar um lugar de repouso dentro de nós mesmos.

Todos os aprendizados aqui envolvem nossa percepção do tempo e a compreensão de que existem momentos de contração e momentos de expansão. É o ciclo contínuo da vida.

O 57º código bíblico revela: ao nos conectarmos mais profundamente com a natureza, podemos esvaziar a mente sobrecarregada e ampliar um tipo de percepção, com muito mais conexão com Deus e com nós mesmos.

58. O MONTE SINAI

"E falou o Eterno a Moisés no monte Sinai." (Levítico 25:1)

32ª Porção — Behar

O monte é uma alegoria para os níveis mais elevados de consciência, o mesmo monte que Moisés subiu para receber as tábuas da lei. Não há nada físico nele, o monte é uma dimensão da consciência que fala de três níveis de percepção.

O primeiro nível é o rasteiro. Nele, a percepção da realidade é insuficiente, muito limitada. "Minha vida não tem um propósito", "sou pouco reconhecido no que faço", todos esses impasses são visões fragmentadas da realidade.

O segundo nível de consciência é o emocional. Em meio à subida do monte, podemos observar a vida não apenas pelos seus aspectos físicos, mas com uma visão ampliada, removendo as cascas da visão.

O terceiro nível é o da consciência desperta: o alto do monte. Foi de onde Abrahão salvou o sobrinho e onde Moisés recebeu a Torah. Do alto é possível olhar para uma nova paisagem: o despertar da consciência que amplia muito a visão.

> O 58º código bíblico revela: quando enxergamos a vida do alto, com uma consciência desperta, todo o cenário se modifica. Essa nova visão pode nos guiar à terra prometida.

59. MISTÉRIOS DO JUBILEU

> "E contarás para ti sete semanas de anos, sete vezes sete anos, 49 anos e santificareis o ano 50." (Levítico 25:8)

32ª Porção — Behar

A vida humana é especialmente regida pelo ciclo do sete. Nos primeiros sete anos, a primeira infância. Mais sete anos constituem a segunda infância. Aos 14 anos, se inicia a adolescência. Aos 21, a vida adulta, e assim por diante. Quando completamos sete ciclos de sete anos, temos, então, 49 anos. E no quinquagésimo acontece o Jubileu.

Aqui nasce um novo conceito: o ano sabático. A ideia é iluminada: após 49 anos de vida, poderíamos dedicar um ano inteiro ao despertar interior, a uma conexão mais profunda com o sagrado. Na prática, para a maioria das pessoas não é fácil proporcionar algo assim a si mesmo, mas o conceito é revolucionário e vai além do literal.

O quinquagésimo ano traz um recado. Ao recorrer às letras hebraicas, esse número é representado pela letra Nun, associada à humildade. Mais uma vez, a Torah ressalta a importância dessa virtude. A Torah ressalta a importância de fazermos pequenos exílios para fortalecermos nossa humildade e a percepção das ilusões do mundo.

O 59º código bíblico revela: ao compreender os ciclos do tempo e a importância das pausas na vida, podemos nos lembrar de quem realmente somos e do que viemos fazer neste mundo.

60. O CAMINHO DA LUZ

"Se nos meus estatutos andares e meus preceitos guardares, darei a vós chuvas ao seu tempo, a terra e a árvore do campo darão seus frutos." (Levítico 26:3)

33ª Porção — Bechucotai

Este é o último código bíblico do livro de Levítico, trazido em uma porção denominada "Bechucotai", que pode ser traduzida como "Estatutos". Ele enfatiza que, se você andar no caminho da luz, receberá luz, mas, se você escolher andar pelo caminho da sombra, receberá sombra. Parece bem óbvio, mas, em geral, não é tão simples compreender isso plenamente.

Deus se expressa neste mundo sob várias camadas. A primeira ocorre pelo sistema de causa e efeito. Tudo o que você planta, colhe. Jogue um objeto para o alto e ele retornará a você. Ou seja, Deus se encontra também em nossas escolhas. Se você deseja uma vida abençoada e repleta de luz, precisa fazer escolhas nessa direção.

Precisamos estar sempre atentos às possibilidades diárias de conexão com a luz. A cada momento, uma escolha é feita. Neste momento, agora, podemos escolher estar presentes, em harmonia com o fluxo da vida.

> O 60º código bíblico revela: cada semente plantada gera frutos. Nossas escolhas influenciam o nosso destino. Que possamos escolher com sabedoria.

LIVRO 4

Números

99 códigos da Torah

61. O PACTO

"Todos os contados eram seiscentos e três mil, quinhentos e cinquenta." (Números 1:46)

34ª Porção — Bamidbar

Este é o primeiro código do quarto livro da Torah, denominado Números. O livro traz também profundos segredos da numerologia hebraica. Nesse momento, Deus pede a Moisés para contar a congregação. Sabemos que aquele que a tudo criou tem também todos os números à sua disposição. Por certo, há algo por trás deste censo.

Com os recursos que tinham naquela época, fazer uma contagem de 600 mil pessoas demandaria semanas, e a contagem sempre estaria mudando. Segundo a Torah, a contagem foi feita em um único dia, ou seja, não há nada literal aqui. O código lembra da força de uma massa crítica.

O número encontrado neste censo é 603.550. Trinta e nove anos antes, quando saíram do Egito, a contagem também foi ligeiramente superior a 600 mil. Durante todo o livro, serão feitos diversos censos, e todos vão resultar em pouco mais de 600 mil. 600 mil é um múltiplo de 60 e, sempre que aparece na Torah, indica a força do pacto coletivo. A letra hebraica relacionada ao pacto é Samech, que equivale a 60.

O 61º código bíblico revela: a sensação de pertencimento é um pré-requisito do caminho espiritual. Quando nos unimos, fazemos um pacto em torno de um propósito maior, ganhamos força para prosseguir em nossa caminhada rumo a uma vida focada no amor.

62. A FORÇA DO 12

"De cada uma das 12 tribos vos assistirá um homem que seja cabeça da casa de seus pais." (Números 1:4)

34ª Porção — Bamidbar

Quando Jacob fez sua passagem, apresentou um testamento, dividido entre os 12 filhos, profetizando a caminhada rumo à terra prometida. Seria necessária uma divisão inteligente. As 12 tribos representam as 12 constelações e, por conseguinte, os 12 canais pelos quais recebemos e compartilhamos diferentes formas da luz.

O primeiro canal é Áries, o impulso para sair da estagnação. Em Touro, a necessidade de manter a casa de pé. Em Gêmeos, a comunicação e o estudo. Em Câncer, o afeto e a família. Em Leão, a força oculta e criativa. Em Virgem, o discernimento daquilo que aproxima ou afasta da luz.

A parte superior da roda astrológica se inicia com Libra e os relacionamentos. Em Escorpião, um olhar interior mais profundo. Em Sagitário, a necessidade de romper limites na busca pela evolução. Em Capricórnio, o canal do trabalho e da realização. Em Aquário, a busca da verdade junto a referência de um grupo. Em Peixes, última etapa, a transcendência, porque esta vida é efêmera, e, se não transcendemos, nada faz sentido.

O 62º código bíblico revela: quando cuidamos destes 12 canais de energia, criamos um verdadeiro escudo de proteção à nossa volta e ganhamos força extra para trilhar o caminho da terra prometida.

63. LEVANTA

"E oferecerá um cesto de pães ázimos, bolos de flor de farinha com azeite." (Números 6:15)

35ª Porção — Nassó

Depois de tanto tempo andando pelo deserto sem chegar à terra prometida, muitos se esqueceram da revelação da abertura do mar, dos dez mandamentos. Alguns são mais fortes, outros mais fracos. Como obter força para seguir em frente quando o cansaço toma conta?

Agora, novas ofertas são incentivadas. Existem aspectos espirituais, como cada ingrediente que entra na oferta, mas há outros aspectos relevantes, como o movimento. Para fazer uma oferta, é preciso se movimentar, sair da zona de conforto. Não há como oferecer nada na estagnação. Você vai precisar do recipiente, dos ingredientes, de um horário de preparo, de uma conexão com orações e de todo um foco voltado para essa direção.

O nome da porção da Torah que abriga este código é "Nassô", em hebraico, e significa "levanta". Não importa se estamos cansados ou se o momento é difícil, temos um propósito maior.

O 63º código bíblico revela: precisamos nos manter de pé. Nos tempos mais fáceis, nos mais difíceis, o caminho da luz pede um movimento constante.

64. O PODER DA UNÇÃO

"O Eterno te abençoe e te guarde; o Eterno faça resplandecer o rosto sobre ti e tenha misericórdia de ti; o Eterno sobre ti levante o rosto e te dê a paz." (Números 6:24)

35ª Porção — Nassó

A Torah traz aqui um tema de grande elevação espiritual: a bênção da unção. Ela pode ser utilizada tanto para a consagração de uma união de um casal quanto para um mestre graduar seu discípulo. Foi a bênção que Moisés utilizou para eleger o seu sucessor.

O povo de Moisés assistiu aos milagres da abertura do mar, a comida que caiu do céu e os dez mandamentos. Muitas foram as revelações, mas o tempo passou e os milagres se tornaram menos frequentes. Como acontece na vida de todos nós, em alguns momentos as revelações são mais abundantes, em outros, secam. No momento certo, uma bênção pode ser valiosa para a recuperação de energias.

A bênção de unção traz também uma transformação energética: o velho ego fica para trás e um novo ser de luz nasce. Por isso, é usada também em casamentos, pois é quando se inicia uma nova vida; os indivíduos isolados ficam para trás e algo novo, compartilhado, nasce.

> O 64º código bíblico revela: uma benção de unção reforça o nosso propósito e a vida ganha um sabor inteiramente diferente quando guiada por um propósito luminoso.

65. O AGRADECIMENTO

"Não comereis um dia, nem dois dias, nem vinte dias, porém um mês, até que vos enfastieis dela e a rejeiteis."
(Números 11:19)

36ª Porção — Behaalotechá

O povo reclama pela falta de carne. Tinham tudo de que precisavam para viver, mas sentiram falta de carne e se queixaram com Moisés. Pressionado, ele recorre ao Eterno. Logo depois eles recebem a lição: o Eterno manda carne em quantidade tão abundante que todos enjoam.

Uma história atual, o sentimento de não ter recebido o suficiente, de precisar sempre mais. E o resultado: o lamento por não ter recebido o suficiente, ou por não saber o que fazer com o excesso. A mensagem aqui é simples: quanto mais você reclama, mais motivos tem para reclamar.

Da mesma forma, funciona com o agradecimento. Ele é uma ferramenta de luz, porque, assim como temos um desejo maior de presentear aqueles que são agradecidos conosco, Deus também presenteia com bênçãos aqueles que se aproximam dele com gratidão.

O 65º código bíblico revela: quanto mais agradecemos, mais motivos temos para agradecer. Podemos nos educar a acordar todos os dias declarando gratidão pela vida, pelo ar que respiramos, pelas pessoas que amamos, pela oportunidade deste novo dia.

66. UM PODEROSO MANTRA DE CURA

"Chamou, pois, Moisés ao Eterno, dizendo: Ó Deus, rogo a ti que a cures. El na refa na la." (Números 12:13)

36ª Porção — Behaalotechá

Depois de tantos anos sem chegar à terra prometida, a maior parte do povo está pessimista. Miriam, a irmã de Moisés, faz maledicência dele e é tomada por uma doença. Em busca de cura, ela procura se reconciliar com o irmão. Moisés, sempre humilde, aceita as desculpas e com um único mantra cura a irmã: "El na refa na la."

Esse mantra tem uma força espiritual única. A tradução seria algo como "Oh, Deus, rogo-te que a cure", mas é ainda mais profundo. O mantra em hebraico pode ser lido igualmente da direita para a esquerda e da esquerda para a direita. Há grande força na pronúncia dessas palavras.

A cura milagrosa de Miriam acontece logo após o código bíblico do agradecimento, ensinando que não são todos que podem pronunciar mantras e obter resultados. Fórmulas mágicas de cura somente são efetivas quando pronunciadas em estado de genuína gratidão, por seres que se tornam instrumentos de cura ao desenvolver virtudes como integridade, generosidade e compaixão.

O 66º código bíblico revela: o mantra "El na refa na la" é um segredo espiritual de milhares de anos. Pronunciado com agradecimento e pureza de alma, ele atrai grandes curas e milagres.

67. ALÉM DA LÓGICA

"E disse o Eterno a Moisés: até quando me provocará este povo? Até quando não crerá em mim, apesar de todos os sinais que fiz no meio dele?" (Números 14:11)

37ª Porção — Shelach

Moisés e seu povo chegam à beira da terra prometida. Ele afirma que é ali o local de destino, mas prefere enviar 12 representantes para averiguar. Quando retornam, 10 dos 12 representantes afirmam que aquela não era a terra prometida; apenas Josué e Calebe reconhecem o destino almejado.

O momento é crítico, porque eles escutaram a voz da maioria e não acreditaram em seu mestre. Se voltaram contra Moisés, e, por isso, foram condenados a vagar novamente pelo deserto. Teria sido assim tão grande o pecado deste povo? Se o próprio Moisés selecionou 12 homens de sua confiança e 10 deles afirmaram ser impossível entrar naquela terra, não era lógico acreditar nisso?

Lógico, sim, mas a história desse grupo jamais foi regida pela lógica. Afinal, quantas bênçãos e provas da dimensão do milagre eles já haviam recebido? A Torah está nos falando também de algo que acontece hoje, quando nos desconectamos do sagrado e esquecemos das bênçãos da vida.

O 67º código bíblico revela: além do pensamento lógico e das estatísticas, precisamos escutar a voz de Deus, que habita no espaço mais profundo de nosso ser.

68. GIGANTES ESPIRITUAIS

"Também vimos ali gigantes e éramos, aos nossos próprios olhos, como gafanhotos." (Números 13:33)

37ª Porção — Shelach

Os hebreus haviam chegado à beira da terra prometida, mas não entraram. Disseram que aquele não era o destino, porque ali habitavam gigantes. A interpretação não é literal.

A terra prometida é uma alegoria para uma dimensão de vida com muito mais despertar e alegria. Os gigantes são também uma alegoria, mesmo porque jamais habitaram gigantes naquela região — eles são os grandes mestres espirituais que habitam a terra prometida.

Até quando vamos nos enxergar como gafanhotos e olhar para os mestres como gigantes? Os mestres não nasceram iluminados, cometeram erros. Mas, por dedicarem toda uma vida na direção de um propósito mais elevado, se iluminaram. O grande ensinamento aqui é que também podemos nos tornar gigantes espirituais, temos esse potencial.

O 68º código bíblico revela: também podemos nos tornar gigantes espirituais. Para tal, precisamos nos dedicar inteiramente ao caminho do despertar. Só depende de nós.

69. A VIBRAÇÃO DOS ANJOS

"E a terra abriu a sua boca, e os tragou com as suas casas, como também a todos os homens que pertenciam a Côrach, e a todos seus bens." (Números 16:32)

38ª Porção — Côrach

O povo chegou à beira da terra prometida, não entrou e foi condenado a vagar muitos anos no deserto. Por isso, uma grande frustração tomou conta deles. É nesse clima que surge um novo líder, discípulo de Moisés, que se rebela contra o mestre. Junto a mais 250 pessoas, Côrach faz maledicência contra Moisés, levando a todos um sentimento de dúvida quanto à autenticidade da liderança de Moisés. Duzentos e cinquenta entre mais de 600 mil pessoas provocariam tamanha crise?

Sim, porque a palavra negativa se espalha rapidamente, é perigosa como uma arma. Por isso, mesmo sendo em uma pequena fração, a dúvida e a negatividade logo se alastram. E foi assim que Côrach e seus aliados foram tragados pela terra.

O deserto não abriu literalmente, o código traz um ensinamento sobre anjos caídos, vibrações quânticas e energéticas. Assim como existem os anjos de luz, canais que nos conectam com Deus, existem também os mensageiros das sombras, que nos fixam a dimensões inferiores.

O 69º código bíblico revela: Côrach e Moisés vivem dentro de nós. Moisés é guiado pela humildade, Côrach pela arrogância. São duas inclinações: uma negativa, que leva para a sombra, e outra positiva, que conduz no caminho da luz. Que possamos escolher com sabedoria.

70. O PODER DO BASTÃO

"Fala aos filhos de Israel e toma deles uma vara para cada casa paterna de todos os seus príncipes. Porém o nome de Aarão escreverás sobre a vara de Levi." (Números 17:2)

38ª Porção — Côrach

Em meio a tantas crises, faz-se necessária uma nova prova que confirme a autoridade e a liderança de Moisés. Ele coloca bastões em uma terra infértil, um bastão para cada príncipe. O de Aarão é colocado longe dos demais, em uma terra ainda mais infértil, para que, se viesse a florescer, todos pudessem ter certeza do sinal do Eterno.

Então Moisés pronuncia em alto som, em nome do Eterno: "Onde germinar o bastão, é ali que está a luz de Deus." E faz a prova diante de todos. Os bastões dos príncipes não apresentam sinal de mudança, mas o bastão de Aarão floresce. Assim Moisés provou sua autenticidade como líder e mensageiro do Eterno.

O bastão representa a verticalidade no caminho. Precisamos nos manter verticais, manter o bastão vivo, florescendo. Mesmo diante das frustrações, não podemos esquecer da luz maior que nos guia.

O 70º código bíblico revela: não há qualquer dificuldade em entregar-se aos prazeres perecíveis, desistindo de um propósito maior. Já transformar a consciência rasteira em algo elevado, reerguer-se mesmo nos momentos mais difíceis, é tarefa para os que trilham o caminho do despertar.

71. A VACA VERMELHA

"Fala aos filhos de Israel para que tomem em teu nome uma vaca vermelha... a vaca será queimada perante seus olhos."
(Números 19:2)

39ª Porção — Chucát

O sacrifício da vaca vermelha é um código espiritual que pode ser compreendido por meio do estudo da árvore da vida. Ele revela que, além da dimensão física em que nos encontramos, existem outras nove dimensões não físicas que também influenciam diretamente nossa realidade.

Cada uma das dez dimensões da árvore da vida tem uma cor associada. A dimensão relacionada ao vermelho é a da disciplina. Esse é o mistério da vaca vermelha; ela fala da importância da disciplina no caminho da terra prometida.

O estudo da espiritualidade não visa apenas trazer revelações místicas e milagres, mas também busca desenvolver virtudes. Entre elas, a disciplina. Após sucessivas crises e frustrações, esse é um recado valioso da Torah e se aplica muito bem em nossa vida pessoal.

Em nossa caminhada, muitas vezes, diante de pequenas batalhas perdidas, é normal que uma dose de cansaço tome conta e que percamos a confiança. Por isso, a Torah reforça a necessidade de cultivarmos a determinação e a disciplina.

O 71º código bíblico revela: a vaca vermelha é uma alegoria para a importância da disciplina, uma virtude enfatizada em todos os caminhos espirituais.

72. O PARAÍSO E A SERPENTE

> "E o povo falou contra Deus e contra Moisés. Então, o Eterno mandou serpentes abrasadoras, que mordiam o povo."
> (Números 21:6)

39ª Porção — Chucát

A serpente é enigmática na Torah e surge logo no início do livro de Gênesis, quando homem e mulher viviam no Paraíso. O Eterno lhes disse que poderiam comer de tudo, exceto da árvore da penetração do bem e do mal. Viviam tranquilos, em paz, até que a serpente assedia a mulher: "Por que Deus pode tudo e vocês não?"

A dúvida é instaurada e a mulher decide comer o fruto proibido. Em seguida, sob o mesmo argumento, ela oferece ao homem, que também o come. Quando Deus pergunta ao homem sobre o ocorrido, ele coloca a responsabilidade na mulher. Ela, por sua vez, coloca a culpa na serpente. O resultado? Eles caem de dimensão e se tornam mortais.

As serpentes abrasadoras retornam em um momento de grande crise no povo de Moisés, elas voltam sempre que esquecemos o caminho da retidão.

O 72º código bíblico revela: serpentes abrasadoras simbolizam nosso próprio oponente interno. Podemos vencê-lo nos tornando conscientes, despertos e assumindo a responsabilidade por nossas escolhas.

73. ERRAR É HUMANO

"Disse o Eterno a Moisés: 'Toma o bordão e falai à rocha, e dará a sua água...' Moisés levantou a mão e feriu a rocha duas vezes com o seu bordão." (Números 20:11)

39ª Porção — Chucát

O povo diz estar com sede e começa a reclamar com Moisés: "Por que trouxeste nossa congregação para o deserto? Para morrermos de sede nós e nossos animais?" Moisés recorre ao Eterno, que o orienta a falar à rocha para receberem água. Moisés, entretanto, bate nela duas vezes.

Moisés devia falar com a rocha, como orientou o Eterno. Entretanto, ele bate duas vezes nela. Ele estava muito pressionado, agiu de maneira reativa e perdeu seu equilíbrio interior. E por isso não entraria na terra prometida.

Seria justo um homem humilde, que dedicou sua vida ao compartilhar, depois de tantas demonstrações de liderança, não entrar na terra prometida devido a um único momento de reatividade?

A verdade é que a missão de Moisés era levar seu povo à terra prometida, não entrar nela. Ainda assim, mesmo sendo um mestre iluminado, teria que arcar com as consequências de seus atos reativos.

O 73º código bíblico revela: mesmo os maiores mestres têm seus momentos obscuros. Errar faz parte do nosso processo de despertar interior, desde que possamos reparar o erro e aprender com ele. Errar é humano.

74. A BÊNÇÃO DO SER PURO

"Então Deus abriu os olhos a Bilam, e ele viu o anjo, que estava no caminho, e a sua espada desembainhada na mão; inclinou a cabeça e prostrou-se." (Números 22:31)

40ª Porção — Balac

Invejoso do crescimento povo de Moisés, Balac, rei dos Moabitas, chamou um mago para amaldiçoá-los. O mago, de nome Bilam, seguiu montado em sua jumentinha. Porém, quando estava a caminho, a jumentinha teve a visão de um anjo a sua frente, impedindo-a de prosseguir.

O mago começa a bater nela e ela pergunta: "Por que está me batendo tanto? Eu não sou a sua jumentinha?" Ele olha novamente, enxerga o anjo e compreende o que se passa. Em vez de amaldiçoar, ele abençoa o povo de Moisés.

O episódio, em forma de parábola, é único em toda a Torah e ensina que mesmo um mago dominado por sentimentos negativos pode se converter a um caminho de luz. Aprendemos também sobre a força da pureza. Quem primeiro viu o anjo do Eterno não foi o mago, mesmo sendo ele tão estudado, preparado, repleto de experiências espirituais. Quem enxergou o anjo foi a jumentinha, que não era tão inteligente assim, mas era pura e amorosa, por isso tinha a visão espiritual.

O 74º código bíblico revela: para atingir a dimensão do sagrado, mais importante que o conhecimento teórico, é a pureza do coração.

75. A LANÇA

"E viu Pinchás, filho de Elazar, o filho de Aarão, e levantou-se e tomou uma lança em sua mão e atravessou a ambos."
(Números 25:7)

40ª Porção — Balac

Diversas midianitas seduziram soldados do povo de Moisés e logo se iniciou uma série de atos libidinosos em público. Junto a elas, uma imensa mortandade começou a se alastrar.

Pinchás era neto de Aarão, irmão de Moisés e estava pronto para uma decisão drástica. Ele tomou uma lança e atravessou um casal que proporcionava uma cena pública deplorável. Neste momento, a mortandade se encerrou.

Há um grande símbolo na lança: a possibilidade de interrompermos a negatividade que drena continuamente. Núcleos sombrios, vícios e comportamentos destrutivos precisam de um "pare". Esta é uma consciência muito curativa.

O 75º código bíblico revela: podemos usar a lança para dizer: "Chega. Tenho vivido toda uma vida fora do presente, guiado por ilusões que não me trouxeram paz de espírito. Trouxeram coisas que parecem valiosas, mas sempre acompanhadas de medo e ansiedade. A partir de agora vou viver desperto."

76. CINCO NÍVEIS DE CURA

"E chegaram as filhas de Zelofead... são os nomes delas: Maalá, Noá, Hoglá, Milcá e Tirtsá." (Números 27:1)

41ª Porção — Pinchás

Este código bíblico é o primeiro da grande porção de cura da Torah: Pinchás. Mas, para chegar à cura, primeiro precisamos compreender o que é a doença. É um processo de desconexão resultante do bloqueio da luz em nosso corpo físico, emocional e mental. Precisamos fazer uma limpeza energética dos canais.

Podemos fazer essa limpeza em cinco etapas. São cinco níveis de cura, representados pelas cinco filhas herdeiras que desejam uma porção na terra prometida. Todas as filhas têm seus nomes começados pela letra hebraica Hei no texto original. A letra Hei equivale ao número cinco, referenciando cinco níveis de cura.

O primeiro nível é físico. A cura física é essencial, porém, além dela, temos outros níveis de cura. O segundo nível é emocional. O terceiro, o da consciência, o despertar é um fenômeno raro em nosso mundo. O quarto nível é coletivo e o quinto, da unidade. Aqui é possível sentir a união de todos os seres, criaturas do Deus único, que criou os céus e a terra.

O 76º código bíblico revela: tanto a cura individual quanto a coletiva podem ser muito mais efetivas quando ampliamos a visão e percebemos a integração de nosso corpo físico, emocional e espiritual. Uma visão mais holística ilumina o caminho do despertar interior.

77. UM RECEPTOR DE CURA

"Disse o Eterno a Moisés: Toma Josué, filho de Nun, homem em que há o Espírito, e impõe-lhe as mãos." (Números 27:18)

41ª Porção — Pinchás

Moisés prepara seu sucessor por meio de uma unção, quando o mestre coloca as mãos sobre a cabeça do discípulo e pronuncia palavras de grande valor espiritual. Josué estava longe de ser o mais preparado intelectualmente, mas foi escolhido devido a sua pureza e fidelidade.

A importância da pureza de alma foi ressaltada algumas porções atrás, quando um mago que iria amaldiçoar todo um povo acabou abençoando-o devido à pureza de sua jumenta, que tinha a visão do anjo do Eterno.

Assim também era Josué, discípulo leal de Moisés. Quando chegaram à beira da terra prometida, apenas ele e Calebe reconheceram aquela terra, como havia afirmado Moisés. Josué era filho de Nun, e Nun é também o nome de uma letra hebraica relacionada à humildade. Ou seja, o sucessor de Moisés precisava ser, acima de tudo, humilde. Essa é a mais importante virtude no caminho espiritual.

O 77º código bíblico revela: o caminho é repleto de sinais e revelações, mas traz também inúmeras provações, que ajudam a lapidar a nossa alma. Seja nos melhores momentos, seja nos de maior dificuldade, precisamos desenvolver diariamente a humildade, lembrando que somos apenas instrumentos a serviço de uma força maior.

78. CURA E MILAGRE

"No oitavo dia, tereis reunião solene; nenhuma obra servil fareis." (Números 29:35)

41ª Porção — Pinchás

A Torah, repetidamente, fala sobre o sétimo dia, um dia de descanso, terminar um ciclo e começar outro. Mas agora, misteriosamente, a Torah nos fala de um "oitavo dia". Oito é o número do milagre. Além do sete, que fecha um ciclo e, por isso, é tão importante, agora se enfatiza um oitavo dia. É como o conceito de "uma oitava acima" que temos em nosso sistema de escala musical.

A força do "oito" é tão grande nesta porção de cura que a própria contagem do censo traz esse número miraculoso. Foram contabilizadas 601.730 pessoas na congregação. Se você somar os números que compõem esse número (6 + 0 + 1 + 7 + 3 + 0 = 17) e depois somar os algarismos desse resultado (1 + 7 = 8), vai descobrir que o resultado também é oito.

Precisamos nos tornar realmente meditativos, para escapar da loucura coletiva chamada sociedade e encontrar uma realidade com mais espaço para os milagres.

O 78º código bíblico revela: quando atingimos o despertar da consciência, deixamos de perder energia com uma mente sobrecarregada e podemos utilizar essa mesma energia para viver, como nossos mestres, em uma dimensão de milagres.

79. O CAJADO

"E falou Moisés aos cabeças das tribos dos filhos de Israel."
(Números 30:2)

42ª Porção — Matot

A palavra hebraica para "tribos" — "matot" — é a mesma para "cajado". Há uma relação íntima entre tribo e cajado, ambos presentes desde o milagre da abertura do mar. Todas as tribos precisavam manter seus cajados de pé. O cajado é um grande símbolo na Torah.

No primeiro livro da Torah, Gênesis, estudamos a saga de um homem que nos ensinou a nos mantermos de pé mesmo diante das maiores dificuldades. José era ainda muito jovem quando foi seduzido pela linda mulher de Potifar, um oficial egípcio, mas não perdeu o foco e não se deixou levar.

Foi diante de inúmeras provações que José aprendeu sobre uma lei espiritual que diz: "Quanto maior o obstáculo, maior a luz." Provações surgirão no caminho. Para alguns, elas podem vir na forma de perda material, para outros, pela rejeição, para outros, pela vaidade. Seja como for, qualquer um pode sucumbir diante delas. Por isso, precisamos manter nossa verticalidade, deixar o cajado de pé.

O 79º código bíblico revela: não podemos esmorecer diante dos obstáculos da vida. Precisamos deixar o cajado de pé e lembrar da nossa missão maior — é levar luz ao mundo.

80. A LEMBRANÇA

> "E partiram do mar Vermelho e acamparam no deserto de Sin. E partiram do deserto de Sin e acamparam em Dofca. E partiram de Dofca e acamparam em Alush..." (Números 33:11)

43ª Porção — Massê

Estamos no último código do quarto livro da Torah, quando é feita uma reavaliação da jornada desde a saída do Egito, passando por 42 cidades. Por que citar nominalmente cada um dos pontos de uma longa e árdua caminhada?

O povo de Moisés presenciou a abertura do mar, a libertação da escravidão, os dez mandamentos. Não podiam esquecer de tantas bênçãos da vida. Os 42 pontos citados também possuem forte simbologia. Essa é a porção de número 43, que segue exatamente as 42 porções que já passamos. O 42 é um número mágico dentro da numerologia cabalística, representa o número de palavras de uma das mais profundas orações de todos os tempos: oração Ana Becoach.

Essa história fala sobre algo que acontece também em nossa caminhada. A possibilidade de reavaliar a jornada, destacando pontos importantes. Em quais pontos foi preciso parar e receber uma bênção, para só então seguir em frente?

O 80º código bíblico revela: devemos manter vivas as lembranças das bênçãos já recebidas para jamais perdermos a confiança na luz que nos guia. Ao mesmo tempo, precisamos construir novos momentos aqui e agora, pois o presente é o tempo da vida.

LIVRO 5

Deuteronômio

99 códigos da Torah

81. PALAVRAS

"Estas são as palavras que falou Moisés a todo o povo."
(Deuteronômio 1:1)

44ª Porção — Devarim

Este é o primeiro código bíblico do quinto e último livro da Torah, chamado Deuteronômio. No original, em hebraico, o livro se chama "Devarim", que pode ser traduzido tanto como "palavras" quanto como "coisas". Palavras criam coisas, ou melhor, criam realidade.

Se você examinar as pessoas à sua volta, descobrirá que aquele que profere palavras negativas com frequência está sempre em um mundo de sofrimento. Já o que procura pronunciar palavras positivas e enaltece seus semelhantes, vive em um mundo de harmonia e contentamento.

Palavras negativas são um grande obstáculo à evolução e ao crescimento espiritual. Quando você fala para alguém sobre aspectos negativos de outra pessoa, quando se lamenta ou ouve a maledicência de outro, todas essas formas negativas do uso da palavra geram negatividade e acabam atraindo essa qualidade de energia. Mesmo que seja verdade, se a palavra não tiver um caráter construtivo, é melhor que não seja pronunciada.

O 81º código revela: quando nos concentramos em palavras positivas e amorosas, construímos uma realidade com muito mais paz e alegria.

82. O FLUXO DO TEMPO

"E foi no 40º ano, no 11º mês, ao 1º dia."
(Deuteronômio 1:3)

44ª Porção — Devarim

Antes de saírem do Egito, Moisés falava com Deus constantemente, sabia que viria um milagre, mas, ainda assim, esperou a lua cheia em Áries, que traz a força energética do impulso. Era um momento precioso para deixar a escravidão.

Da mesma forma, agora Moisés queria incentivar o povo para, mesmo sem a sua presença, permanecer no propósito de uma vida significativa. A entrada na terra prometida havia sido desperdiçada, um tempo se passara e, agora, novamente, Moisés incentivava todos a reconhecê-la; era a última oportunidade de completar sua missão.

O 1º dia do 11º mês do 40º ano aponta uma fenda espiritual: a lua nova em Aquário. Essa data foi escolhida meticulosamente para um importante discurso. Aquário é o 11º signo, representa a renovação mental, as novas ideias, a busca pela verdade. Aquário é também relacionado à consciência de grupo, pois, quando você pertence a um grupo com o mesmo propósito, que caminha junto, torna-se mais fácil conhecer a verdade. As respostas são buscadas em conjunto, diante de uma egrégora maior.

O 82º código bíblico revela: ao conhecer o fluxo energético do tempo, podemos agir em sintonia com ele, é como nadar a favor da correnteza. Assim ganhamos energia extra para trilhar o caminho do despertar interior.

83. A HERANÇA

"Ordena a Josué, anima-o e fortalece-o, porque ele passará na frente deste povo e o fará herdar a terra que verás."
(Deuteronômio 3:28)

45ª Porção — Vaetchanan

Moisés está preparando sua despedida e seu sucessor. Ele está deixando a sabedoria da liderança para Josué. O momento traz uma reflexão sobre a herança que deixaremos para o mundo.

A herança genética é aquela que deixamos para nossos descendentes biológicos. A herança financeira é transmitida de geração a geração, assim como a herança cármica. A herança intelectual é significativa, a cada geração, a humanidade fica mais inteligente, mais preparada, porque vão se somando ensinamentos, estudos, século após século. Da mesma forma acontece com a herança espiritual, com caminhos espirituais transmitidos há milênios, de mestre para discípulo.

São muitas as formas de herança. No entanto, não há herança mais valiosa que bons princípios e boas ações. Como aponta a Torah nesta mesma porção: "Guardarás seus estatutos, seus mandamentos, que eu te ordeno hoje, para que seja bem para ti e para teus filhos depois de ti." (Deuteronômio 4:40)

O 83º código bíblico revela: não há nada mais valioso para deixarmos para o mundo do que um bom exemplo de integridade, presteza e generosidade. São virtudes que abençoam os seres à nossa volta e reforçam nosso propósito mais elevado.

84. A FORÇA OCULTA

"Eu sou o Eterno teu Deus." (Deuteronômio 5:6)

45ª Porção — Vaetchanan

Este código bíblico já apareceu antes na Torah. É o primeiro dos dez mandamentos, agora ele aparece novamente. Vamos entender o porquê.

Primeiramente, pela lembrança. Em geral, não basta aprender uma única vez na vida. Moisés relembra temas de suma importância, pois em breve sairá de cena. Por isso, lembra a todos: Deus está acima de tudo, é a força espiritual que se encontra em cada criatura deste mundo.

Na repetição dos dez mandamentos, há um grande segredo. A repetição é quase idêntica, mas uma única letra hebraica que não havia aparecido na primeira versão agora aparece: a letra Teth, possuindo o valor do número 9. Cada letra hebraica é associada a um tema e Teth é associada à força da verdade, a força motriz de mestres como Moisés, Elias e Jesus, que viveram em tempos diferentes, mas sempre foram verdadeiros. O universo apoia quem transmite palavras reais, esse é o nome original do quinto livro da Torah: Palavras.

O 84º código bíblico revela: há uma poderosa força divina que habita cada um de nós. Precisamos tirar o foco de tantas questões supérfluas do mundo para nos entregarmos a uma presença maior, que protege e conforta.

85. PROVAÇÃO E OPORTUNIDADE

"Recordar-te-ás de todo o caminho pelo qual o Eterno, teu Deus, te guiou no deserto estes quarenta anos, para te humilhar, provar, para saber o que estava no teu coração."
(Deuteronômio 8:2)

46ª Porção — Ékev

Este código bíblico aparece na porção denominada "Ékev", que em hebraico significa "calcanhar". O calcanhar é a base de sustentação do ser humano, um ser que evoluiu, se tornou bípede, caminhando sobre seus calcanhares. Quem mais está próximo desse ponto de nosso corpo é um personagem rastejante que aparece logo no início da Torah.

A Torah nos alerta para as armadilhas da serpente que vive dentro de nós. É necessária atenção contínua à serpente, que enfraquece o nosso propósito. Agora, sim, podemos compreender o texto que relata quarenta anos de humilhações e provações, "para saber o que estava no teu coração".

A vida traz inúmeras provações, uma luta constante pela sobrevivência e contra nossa própria serpente. Durante esta jornada, precisamos passar por provas, mesmo por humilhações. São testes que nos desafiam a nos mantermos firmes e jamais perdermos o foco no alimento supremo da vida: o amor.

O 85º código bíblico revela: a vida traz uma luta constante pela sobrevivência e contra nossa própria inclinação negativa. O desafio é nos mantermos firmes na direção da luz, mantendo o coração puro e íntegro.

86. FOCO NA LUZ

"Porém tomei o vosso pecado, o bezerro que tinhas feito, e o queimei, esmaguei, moendo-o bem, até que se desfez em pó."
(Deuteronômio 9:21)

46ª Porção — Ékev

Após a revelação dos dez mandamentos, Moisés subiu o monte Sinai para receber a Torah. Passados 40 dias, o povo hebreu se desesperou e pediu a Aarão que construísse um bezerro de ouro para a adoração. Horas mais tarde, Moisés retornou e, quando se deparou com o povo em volta da estátua, quebrou as duas tábuas da lei no chão.

Por precipitação, tudo foi perdido. Faltavam apenas algumas horas, mas não esperaram. Moisés queima, esmaga e mói o bezerro até se desfazer em pó. Uma alegoria para que possamos perceber os bezerros de ouro que criamos em nossa vida e trocar a via do apego pela via do amor, focando no que realmente importa na vida.

O 86º código bíblico revela: o desespero e a impaciência ocasionam a perda de conexão com o Eterno. Precisamos moer todos os vestígios de idolatria, para jamais perder a conexão com a luz divina que nos protege e guia.

87. A VISÃO MÍSTICA

"Quando profeta ou sonhador se levantar no meio de ti e te anunciar um sinal ou prodígio... e disser: 'Vamos após outros Deuses...' não ouvirás as palavras desse profeta ou sonhador." (Deuteronômio 13:2)

47ª Porção — Reê

Moisés faz um alerta para o falso profeta, mas é mais profundo do que uma previsão errada. O falso profeta não tem vínculo com a integridade, ele costuma se utilizar muito do medo alheio, repetindo com frequência: "cuidado com aquela pessoa, cuidado com os perigos da vida."

O verdadeiro profeta possui total coerência entre sua prática espiritual e sua vida cotidiana, ele tem um vínculo muito profundo com o caminho do desenvolvimento de virtudes.

Quando você está diante de um oráculo e fala sobre o seu futuro, sua linha de vida, seja qual for a ferramenta utilizada, é crucial que a pessoa à sua frente seja um verdadeiro mestre, porque este não se baseia no medo, mas sim no amor. Tem engajamento com o compartilhar e o caminho do despertar. O nome dessa porção da Torah é "Reê", e ela carrega no próprio nome um mantra sagrado para abrir a visão espiritual.

O 87º código bíblico revela: no desenvolvimento do dom profético, muita dedicação e prática meditativa é necessária, mas, acima de tudo, uma vida íntegra e focada em compartilhar.

88. O "NÃO" QUE GARANTE O "SIM"

"Não torcerás o juízo, não farás distinção de pessoas e não tomarás suborno." (Deuteronômio 16:19)

48ª Porção — Shofetim

Para compreender o porquê de tantos "nãos" no texto bíblico, vamos recorrer ao nome da porção na qual este novo código aparece. A porção, em hebraico, se chama "Shofetim" e significa "juízes". Fala de um juiz que vive dentro de nós, que precisa decidir qual caminho tomar a cada instante.

A Torah nos ensina que o conceito de liberdade está intimamente ligado à nossa capacidade de dizer "não". Em um mundo composto de luz e sombra, as dualidades estão também dentro de nós. Assim como abrigamos o ser luminoso, que leva luz ao mundo, abrigamos também um ser sombrio que, mesmo sabendo a direção certa, pode escolher tomar outra direção.

Portanto, livre é aquele que aprendeu a dizer "não" às inclinações negativas. Quando aprendemos a dizer "não" aos núcleos sombrios, sobra energia para trabalharmos no desenvolvimento espiritual e no despertar da nossa consciência. Por isso aparecem tantos "não" no texto bíblico: não jurar em vão, não matar, não roubar, não adulterar, não cobiçar o que é do outro.

O 88º código bíblico revela: ao dizer "não" para nossa inclinação negativa, ganhamos energia extra para nos dedicarmos a um caminho repleto de luz.

89. O FOGO QUE TRANSFORMA

"Não se achará entre ti quem faça passar pelo fogo, nem adivinhador, nem quem consulte os mortos."
(Deuteronômio 18:10)

48ª Porção — Shofetim

O fogo é o mais transformador dos elementos. Ninguém passa incólume pelo fogo. Pode passar pelo ar, pela água, pela terra, mas o fogo é definitivo: por onde ele passa, transforma. O fogo está associado ao espírito, à fé, e rege a transformação espiritual e a profecia.

Este código bíblico está associado ao portal do fogo, que pode ser atravessado apenas pelos mestres que possuem um comprometimento total com o caminho. Por isso, aqui fica o alerta para os perigos da adivinhação e outras práticas ocultas realizadas por pessoas não preparadas. Especial cuidado é recomendado àquele que consulta um profeta. É preciso antes perguntar: esta pessoa realmente dedica sua vida às virtudes da alma?

A Torah condena o esoterismo exacerbado, a adivinhação e a magia sem um profundo trabalho de base. Curiosamente, essa porção, chamada "Shofetim", começa com a letra hebraica Shin, que, por sua vez, está relacionada ao elemento fogo.

O 89º código bíblico revela: o portal da visão espiritual e da profecia é magnífico, traz um novo sentido à experiência da vida, mas somente se abre àqueles que são inteiramente comprometidos com as virtudes da alma.

90. O 1º PILAR DA PROSPERIDADE

"Quando edificares uma casa nova, far-lhe-ás, no terraço, um parapeito." (Deuteronômio 22:8)

49ª Porção — Ki Tetsê

A prosperidade é um tema central para o ser humano, por isso, a Torah cita o parapeito. Podia citar tantos detalhes, mas o parapeito nos remete à ideia de segurança, nos impede de cair. Esse é o primeiro dos três pilares da prosperidade.

Para criar um parapeito em nossa vida material, "restrição" é uma palavra-chave. Resistir aos desejos incessantes pelo supérfluo e focar mais nas coisas simples e abençoadas da vida. Um nível de retenção é absolutamente necessário no caminho da prosperidade.

A vida é repleta de ciclos, existem tempos de abundância e tempos de privação. Aqueles que nos tempos de abundância não retêm ficam sujeitos a situações muito difíceis diante de tempos escassos. Reter, entretanto, também tem a sua dose. Muitas são as pessoas abastadas que, ainda assim, perdem uma valiosa energia de vida economizando.

> O 90º código bíblico revela: a restrição é parte essencial no caminho de uma vida próspera, traz segurança para os tempos difíceis e tranquilidade para nos dedicarmos ao que realmente importa na vida.

91. O 2º PILAR DA PROSPERIDADE

"Vendo o boi de teu irmão, ou o seu cordeiro, extraviados, não farás como se não os visse, mas os restituirás a teu irmão."
(Deuteronômio 22:1)

49ª Porção — Ki Tetsê

A prosperidade é um tema de grande importância para a humanidade, em todos os tempos e em todos os lugares. Sabemos das dificuldades inerentes ao ser vivo no planeta Terra, temas ligados à sobrevivência podem demandar muita energia, mas o que poucos sabem é que a prosperidade é um canal de energia.

Existe um caminho para abrir esse canal, a começar pela compreensão, um olhar mais desperto. Esse código revela a importância da integridade. Uma postura íntegra atrai prosperidade em todos os níveis. Devemos traçar um caminho reto, justo, de pureza da alma. Quando nos dedicamos nessa direção, o canal da prosperidade se abre.

Esse preceito é repetido inúmeras vezes pelos maiores mestres da humanidade. Como escrito no Salmo 24: "Quem subirá ao monte do Eterno? E quem estará em seu santo lugar? Aquele cujas mãos são limpas e cujo coração é puro."

O 91º código bíblico revela: a integridade é parte essencial no caminho de uma vida próspera. Precisamos eliminar os traços negativos de nosso caráter, purificar hábitos, a fim de prosperar e seguir o caminho dos justos.

92. O 3º PILAR DA PROSPERIDADE

"Bendito o fruto do teu ventre, o fruto da tua terra, o fruto dos teus animais e as crias das tuas vacas e das tuas ovelhas."
(Deuteronômio 28:4)

50ª Porção — Ki Tavô

O terceiro pilar da prosperidade traz a sorte que ilumina o caminho. A sorte não é um evento isolado, há uma poderosa lei de atração que envolve a abertura desse canal. E como podemos atraí-la? Compartilhando.

Segundo a Cabala, a prosperidade não está relacionada ao quanto você ganha, mas sim ao quanto você produz e compartilha a partir do que ganha. Portanto, ela não é medida pelo quanto você tem. Uma pessoa pode ser riquíssima e ainda assim não ser próspera. A prosperidade está ligada ao quanto recebemos e compartilhamos, ao equilíbrio dessas duas forças.

Um copo de água, quando enchido continuamente, acaba transbordando e não podendo receber mais nada, essa é uma lei universal. Podemos receber muito da vida, desde que compartilhemos na mesma medida.

O 92º código bíblico revela: compartilhar é uma grande ferramenta no caminho da prosperidade. Sempre que levamos algo ao outro, abre-se um importante espaço para que a luz possa abençoar a nossa vida.

93. SEGREDOS DA TERRA PROMETIDA

"**E nos trouxe a este lugar e nos deu esta terra, terra que emana leite e mel.**" **(Deuteronômio 26:9)**

50ª Porção — Ki Tavô

As letras em hebraico formam palavras, mas são também números. Somando os números de cada uma das letras das palavras "leite" e "mel" ("ralav" e "dvash", em hebraico) obtemos como resultado o número 346.

É a mesma numerologia da palavra "ratson", que significa "desejo". Ou seja, o leite e o mel da terra prometida estão relacionados aos nossos desejos. Viver na terra prometida é estar em harmonia com eles, desejar receber muito da vida, mas compartilhando na mesma medida. Assim podemos celebrar a vida com intensidade.

A palavra "leite" está ligada à dimensão da árvore da vida que diz respeito ao compartilhar — em hebraico, "chessed". O compartilhar é uma grande chave. Quanto mais compartilhamos, mais recebemos; é o fluxo da abundância.

O mel é associado a outra dimensão da árvore da vida, em hebraico "tiferet", cujo tema principal é a paz interior. Para conquistá-la, é preciso um movimento persistente, sempre de dentro para fora, de resgate de nosso ser contemplativo.

O 93º código bíblico revela: leite e mel são dois ingredientes alegóricos que nos ensinam sobre duas palavras essenciais para a entrada na dimensão de alma denominada terra prometida — o compartilhar e a paz interior.

94. O PODER DA ESCOLHA

"Vê que, hoje, pus diante de ti a vida e o bem, a morte e o mal."
(Deuteronômio 30:15)

51ª Porção — Nitsavim

Este código bíblico ensina sobre a responsabilidade de nossas escolhas na realização de nosso destino. "A vida e o bem" fazem referência ao caminho da luz. "A morte e o mal" são alegorias para o caminho da sombra. Não apenas a morte física, mas a morte do momento, quando a vida pulsa como um trem que atravessa as mais diversas paisagens, mas perdemos os belos cenários, a oportunidade de cada momento. Podemos viver intensamente o presente, aqui e agora. Isso também é uma escolha.

Vivemos em um mundo dual e todos têm que aprender a lidar com os conflitos entre suas inclinações positivas e negativas. Mesmo os mestres iluminados precisam enfrentar suas inclinações negativas e fazer escolhas constantes pela luz.

Cada uma delas, por menor que seja, significa uma nova semente que mais cedo ou mais tarde vai gerar frutos. Quando falamos de escolhas, pensamos em questões como moradia, casamento, profissão, mas as escolhas menores são igualmente importantes. A decisão primordial é sempre a mesma: estar presente ou ausente, guiado pelo egoísmo ou pelos bons sentimentos.

O 94º código bíblico revela: somos nós que escolhemos, a cada momento, pela luz ou pela sombra. Temos grande responsabilidade na construção de nosso destino.

95. A FORÇA DO PROPÓSITO

"Esforçai-vos e animai-vos, não temais, porque o Eterno, vosso Deus, é quem vai convosco; não vos deixará, nem vos desamparará." (Deuteronômio 31:6)

52ª Porção — Vaiêlech

Na primeira vez, dez homens de confiança de Moisés falaram que não era a terra prometida; apenas Josué e Calebe reconheceram a terra. Eles perderam a oportunidade e agora não poderiam perdê-la novamente.

A terra prometida está na nossa frente, aqui e agora, mas precisamos acreditar, compreender sua essência. Na primeira vez não entraram porque disseram que havia gigantes lá. Os gigantes são os grandes mestres espirituais. Mas ele habita potencialmente também cada um de nós.

O que faz um mestre se tornar iluminado é a força de seu propósito, sempre vivo. Moisés, Elias e Jesus foram mestres de grande impacto porque dedicaram todos os dias de sua vida na direção de um propósito maior. Um ser humano movido pelo propósito, que se compromete com o caminho da luz, recebe as mais elevadas energias espirituais, comandadas pela força onipresente do Criador.

O 95º código bíblico revela: precisamos manter nosso propósito vivo, lembrar dele todos os dias e evitar perder tempo com coisas que, mesmo que atraentes, não valem a pena. A vida traz grandes bênçãos e revelações quando movida por um propósito maior.

96. LEVEZA E ALEGRIA

**"E disse-lhes: 'Sou, hoje, da idade de 120 anos.
Já não posso sair e entrar.'" (Deuteronômio 31:2)**

52ª Porção — Vaiêlech

Este código bíblico fala da passagem de Moisés. Tudo aqui é codificado e com a idade de Moisés não poderia ser diferente. Encerrando sua missão de vida, Moisés deixa um recado por meio da própria idade com a qual ele deixa este mundo. Números em hebraico são representados por letras. Nesse caso, 120 é representado por duas letras hebraicas.

Uma é a letra Caf, que fala do sistema de causa e efeito. O sistema de causa e efeito é repetido extensivamente na Torah. A importância de nossas escolhas e de um caminho íntegro. Aquilo que jogamos para o mundo volta para nós.

A outra é a letra Kuf, que fala de transcendência e alegria. A alegria também é enfatizada aqui e funciona como um termômetro. Muitos religiosos se tornam carrancudos, seguem seus caminhos colocando grande peso sobre os ombros e, assim, a luz se perde. O caminho espiritual vem para iluminar, mesmo nos momentos mais difíceis. Quando a consciência desperta, a alegria chega.

O 96º código bíblico revela: é essencial compreendermos o sistema de causa e efeito que rege nossa vida. Assim como percorrer o caminho com mais leveza e alegria, deixando o fluxo da luz divina nos guiar. A alegria brota sempre de dentro para fora.

97. UMA VIRTUDE ESSENCIAL

"E veio Moisés e falou as palavras deste cântico aos ouvidos do povo, ele e Oshea, filha de Nun." (Deuteronômio 32:44)

53ª Porção — Haazínu

Oshea é filha de Nun. Nun é o nome de uma letra hebraica, relacionada à humildade. Esta é a mais importante virtude para a entrada na terra prometida. Moisés era um mestre poderoso, mas sempre humilde, lembrando que toda a força vem de Deus. Assim também ensinou José.

Podemos ter títulos, poder financeiro, muitos atributos materiais, e, ainda assim, tudo isso se desfaz a qualquer momento. Essa percepção ajuda a desenvolver a humildade, virtude essencial da terra prometida.

Esta é uma virtude preciosa no caminho espiritual. Moisés sempre foi reconhecido pela sua humildade. Era um mestre poderoso, mas humilde, sempre lembrando de onde vinha sua força.

O 97º código bíblico revela: a humildade é a primeira e última virtude no caminho de uma vida significativa.

98. PRINCÍPIOS DE VIDA

"Aplicai o vosso coração a todas as palavras que testifico entre vós, para que as recomendeis a vossos filhos."
(Deuteronômio 32:46)

53ª Porção — Haazínu

A Torah novamente nos fala da herança mais valiosa que podemos deixar neste mundo. Um tema que se repete, dada a sua importância, como a herança espiritual dos ensinamentos da Torah, transmitida há milênios, de mestre para discípulo, passando de mão em mão, atravessando momentos muito difíceis, de perseguição e que, ainda assim, chegou até aqui.

O ser humano moderno tem muitas distrações e, diante delas, pode esquecer do que realmente importa na vida. É preciso lembrar que temos um adversário que nos acompanha por toda a nossa existência, que vive dentro de nós mesmos e está sempre nos dando o pior tipo de conselho. Esse inimigo utiliza-se de diversos disfarces, por isso, é muito comum projetarmos a negatividade no outro ou no mundo externo.

De fato, essa é a maior batalha da vida. Sempre que vencemos os conselhos da negatividade para permanecer em um caminho de retidão e paz, podemos experimentar a alegria da luz de Deus que se manifesta na experiência terrena.

O 98º código bíblico revela: são muitas as formas de herança. No entanto, não há herança mais valiosa que uma postura humilde, com o foco constante no compartilhar e em nossos exemplos de vida. Precisamos manter os preceitos da Torah vivos, para nós e para aqueles que virão depois de nós.

99. O GRANDE SEGREDO

"No tocante a toda a mão forte e a todos os grandes milagres no temível deserto, que fez Moisés aos olhos de todo o Israel."
(Deuteronômio 34:12)

54ª Porção — Vezot Ha Brachá

Estamos diante das últimas palavras do texto da Torah, codificado até a sua última palavra. A última palavra da Torah é "Israel", um nome que fala de uma dimensão de existência desperta. O nome surgiu quando o patriarca Jacob, após 20 anos de correção de caráter, venceu o anjo da morte e se transformou em um mestre iluminado: Israel. É um arquétipo que vive dentro de cada um de nós, quando acordamos para a nossa missão de levar luz ao mundo.

A primeira palavra da Torah, em hebraico, é "Bereshit". A primeira letra dessa palavra, também a primeira letra da Torah, é Beit. Já a última letra da Torah é a última letra do nome Israel, Lamed. Juntando essas duas letras, temos a palavra "Lev", que significa "coração".

As pessoas, em geral, se preocupam muito com os detalhes técnicos em decorar orações, salmos, mantras, mas tudo isso só se eleva realmente quando feito com um coração puro e repleto de desejo pelo sagrado.

O 99º código bíblico revela: o caminho do despertar interior envolve grande dedicação a preceitos, regras de conduta, mas o primordial é que ele seja percorrido com o coração. Uma intenção verdadeira, pura, envolta em amor, é capaz de realizar milagres e abrir as portas da terra prometida.

Este livro foi composto na tipografia Adobe Garamond Pro,
em corpo 12,5/17, e impresso em
papel off-white no Sistema Cameron da
Divisão Gráfica da Distribuidora Record.